Eva Maria Schalk

Das wichtigste Kochbuch der Welt für Ihre Gesundheit

Mit Bio-Lebensmittel, Kräutern und Gewürzen vorsorgen und heilen

Eva Maria Schalk,
geboren 1941 in Österreich, Journalistenausbildung, lebt in Italien und Wien.
Die Autorin befasst sich mit sozialkritischen, kulturellen und historischen Themen,
setzt sich aktiv für einen humanen Umgang mit Kindern und Jugendlichen ein und
ist eine engagierte Umweltschützerin.
Die wichtigsten Veröffentlichungen:
Theaterstück: „Martin und die anonymen Täter", Salzburger Landestheater
und verschiedene Kinder-Theaterstücke an Schulen.
Bücher: „Die Mühlen im Land Salzburg", Verlag Alfred Winter;
„Die Rettung der Erde" (Co-Autorin), „Wege in die Natur" (Text),
„Lebenslänglich – Eingesperrt und zur Schau gestellt" (Text und Fotos),
„Hintersee, ein Kleinod im Salzburger Land", Unipress Verlag;
„Chronik von Faistenau", Hillstein Verlag;
Kinderbücher: „Mama! Wo bist du?" und „Strahlende Tieraugen",
Co-Autorin als Francesca Orso, Fotografin, Redaktion und Gestaltung:
„Der Zoowahnsinn von A-Z", Edition Anima - PHOENIX
sowie zahlreiche Publikationen (Text und Fotos) in Wochen- und Tageszeitungen
(beispielsweise „Salzburger Nachrichten").
Herausgeberin und Redaktion: „Salzburger Kulturkalender" sowie
des Jahres-Kalenders: „Das neue Gesundheitsbuch mit Mondphasen" (bis 2000),
Redaktion des TAURISKA-Magazins (bis 2005).
Zahlreiche Theaterwerkstätten mit Kindern und Jugendlichen.

Sehr herzlichen Dank an alle meine Mitarbeiter:
Allen voran und oft zitiert: Heilpraktiker Bernd Hartmann, Naturheilpraxis in
83457 Bayerisch Gmain, Obere Bahnhofstraße 1, Deutschland, Tel. 0865 5434
Dr. med. Meggy Robben, Biochemiker Alfred Berger, Dr. med. Peter Maier
sowie Autoren und Autorinnen, die direkt im Text zitiert sind.

Eva Maria Schalk

Das wichtigste
Kochbuch der Welt
für Ihre Gesundheit

Impressum

© 2017

Text und Fotos: Eva Maria Schalk

Verlag: tredition GmbH, Hamburg

ISBN

978-3-7439-3917-2 (Hardcover)

978-3-7439-3918-9 (e-Book)

978-3-7439-3916-5 (Paperback)

Inhaltsverzeichnis

Inhaltsverzeichnis

Inhaltsverzeichnis

Ratschläge für Ihre Gesundheit
Stichwortverzeichnis mit Seitenzahlen
Weitere Hinweise und Wiederholungen finden Sie auf den Seiten ab 44-96

Ratschläge für Ihre Gesundheit

Stichwortverzeichnis mit Seitenzahlen

Weitere Hinweise und Wiederholungen finden Sie auf den Seiten ab 44-96

Einleitung

Dieses Buch soll Ihnen so manchen Arztbesuch ersparen und Sie zu einem bewussten Einkauf und zu einer gesunden Ernährung anspornen.

Grundsätzlich wurden wir völlig ahnungslos zu einem ungesunden und umwelt-zerstörenden Massenkonsum verführt und in ihn hineingedrängt. Seit Jahrzehnten leben wir im schädlichen Überfluss, der bis zu 50 PROZENT im Altstoff-Sammelhof landet. Außerdem geben wir ziemlich viel Geld für Einkäufe aus, die uns mehr schaden als nutzen. Etliche Körper sind daher VERGIFTET und KRANK: nicht nur vom Stress und den verschiedenen alltäglichen Giften, sondern vor allem von Produkten, die schon längst keine LEBENSMITTEL mehr sind. Wir sollten deshalb umdenken und den Mut zu einer Veränderung haben: eine Veränderung, die leicht fällt und uns auch mit wenig Geld gesund sowie glücklich macht.

Unsere neuen Statussymbole sollten daher sein: Eine biologische Nahversorgung, natürliche Vorsorge für die Gesundheit, eine energiesparende und sehr einfache Küche, die gleichzeitig Tiere und Umwelt schützen.

Die Rezepte sind auch für Kinder leicht erlernbar, und viel leichter zu bewältigen als so manche schwierige Anforderung im Schulunterricht.

Kinder können mit diesem Buch zu kreativen Selbstversorgern werden und viel-leicht auch ab und zu für Ihre Eltern kochen. Kochen ist eine der wichtigsten Kulturen und eine bewusste und biologische Ernährung sorgt für einen guten Geist, für einen belastbaren Körper und für Ihre Gesundheit.

Starten Sie neu und verabschieden Sie sich bitte vom gesundheitsschädlichen Fleisch der Massentierhaltung, von Fast-Food-Ketten und Fertigprodukten.

Mit herzlicher Empfehlung
Eva Maria Schalk

Bevor Sie nun zum Kochen beginnnen
ist es wichtig, dass ich Sie mit dem
Einkauf und der Lagerung
vertraut mache, ebenso mit
giftfreien und energiesparenden
Kochgeräten.
Vor allem aber möchte ich Sie über
die Inhaltsstoffe und Heilwirkungen
informieren, die Sie in den
Bio-Lebensmitteln, in Kräutern
und Gewürzen
vorfinden.

Einkauf

Da unsere Kauflust oft keine Grenzen kennt, greifen wir zu vielen, verlockend schön verpackten Produkten, die dann zu Hause irgendwann „ablaufen" und im Müll landen. Kaufen Sie so gut es geht nur biologisch und verpackungsfrei ein.

Suchen Sie sich beim Einkaufen gezielt Märkte und Geschäfte aus, die in Ihrer Nähe sind und wo Sie die Produkte in Ruhe aussuchen können. In den meisten Städten finden Sie sehr gute und auch preisgünstige Bioläden, aber auch manche Kaufhäuser sind gut sortiert.

Fast überall im deutschsprachigen Raum gibt es Bio- und Demeter-Bauern oder deren Märkte, die Sie mit biologischen Grundnahrungsmitteln preisgünstig versorgen können. Ich habe meine Stammbauern, und es ist wunderbar, wenn man auch die Landschaft kennt, wo die Lebensmittel entstehen. Und vergessen Sie nicht: Im Gegensatz zum konventionellen Gemüse und Obst werden vor allem die Produkte der Biobauern sehr streng kontrolliert. In biologischen Lebensmitteln sind keine Pestizid-Rückstände vorhanden (manchmal in sehr geringen Mengen), und meistens ist der Nährstoff- sowie Vitamingehalt (auch Basengehalt) höher als bei den konventionellen.

Unsere Nahrungsmittel sollten so frisch wie möglich sein und bitte verzichten Sie so gut es geht auf Konserviertes in Plastikbehältern, Tuben, Gläsern oder Dosen, es ist ziemlich wertlos und außerdem meistens nicht giftfrei (Glutamat, Aludosen und Plastikverpackungen geben Gift ab und machen krank). Siehe Seite 71.

Wir kennen die Szenen in Einkaufszentren: Beispielsweise gestresste Menschen, überfüllte Einkaufswagen, hektische „Schlangen" an den Kassen und oft „lange Gesichter" beim Bezahlen. Anschließend schleppen diese Menschen viel zu viel Produkte nach Hause. Bei meinen Befragungen hat sich herausgestellt, dass vielen Menschen nach einem mühsamen Einkauf einfach die Kraft und Geduld für ein sorgfältiges Lagern fehlt. Dann wird der Kühlschrank unübersichtlich angefüllt, manchmal überfüllt und jede Übersicht fehlt. Das Resultat: Verdorbene Produkte landen im Müll.

Durch die Nahversorgung zählen Sie zu den Umweltschützern, denn die schädlichen Transporte der Frachtschiffe über den Atlantik oder die Kolonnen von LKW's, die unentwegt durch ganz Europa „tonnern", verursachen viele Umweltschäden. Zu den Ausnahmen zählen viele Gewürze und einige Südfrüchte, auf die wir nicht verzichten sollen.

Nehmen Sie sich viel Zeit für Ihren Einkauf.

Sorgfältige Lagerung und Übersicht

Eine übersichtliche und fachgerechte Lagerung ist das Wichtigste, denn wenn ein Kühlschrank voll gestopft ist, verliert man den „Durchblick". Räumen Sie die Speisekammer oder den Kühlschrank so ein, dass Sie auf einen Blick alles kontrollieren können. So kann, wenn Sie gut eingekauft haben, nichts verderben.

Verwenden Sie für die Lagerung keine Plastikbehälter, sondern Behälter aus Glas. Beispielsweise alle Getreidesorten sowie auch Reis, Gewürze in gut verschlossenen Glasbehältern lagern. Allerdings gibt es jetzt schon fallweise Bio-Plastik, aber Glas oder Holz eignen sich für Lebensmittel besser.

Gemüse, Milchsorten, Käse, Fleisch, Wurst, Eier und Joghurt sehr kühl, Kartoffel im Dunklen lagern, Karotten, Rüben und Rettich in feuchte Tücher einschlagen. Zwiebel und Obst kühl und trocken lagern. Brot in ein Leinentuch einwickeln, einen Bioplastiksack stecken und in den Kühlschrank geben.

Frische Kräuter sollten sorgfältig gewaschen und eingewässert werden (wie ein Blumenstrauß.). Nicht in die Sonne stellen. Petersilie, Basilikum, Selleriestauden etc. können Sie auch im Mixer mit Wasser zerkleinern, den Brei in Marmeladegläser abfüllen und einfrieren. Oder die Gewürze waschen, zerkleinern und einfrieren ist möglich (bevor etwas verdirbt). Wenn Sie Gewürze frisch verarbeiten und einfrieren bleiben die Inhaltsstoffe besser erhalten als wenn diese tagelang herumstehen.

Blattsalate so frisch wie möglich verwenden. Vor den Fertigsalaten und auch dem Fertiggemüse (abgepackt in Zellophan) möchte ich warnen, diese Produkte sind meistens nicht frisch und manchmal mit Pilzen befallen, kann auch bei verpackten Sojasprossen vorkommen (die dann sehr giftig sind).

Fische kühl und höchstens einen halben Tag lagern, oder sofort einfrieren. Tauen schnell auf, wenn sie kaltes Wasser darüber laufen lassen.

Beleben von Gemüse: Manchmal ist bei der Lagerung die eine oder andere Rübe (beispielsweise bei Roten Rüben...) geschrumpelt, dann einfach über Nacht ins kalte Wasser legen und sozusagen „wieder beleben". Die wieder belebten Knollen sind wieder ganz fest und gut zu verwenden.

Forschungen haben ergeben, dass in manchen Haushalten mehr als 50 Prozent der eingekauften Waren im Abfall landen (in der Regel sind es 25 Prozent). Wozu benötigen diese Menschen einen Billiganbieter?

Sie wollen immer einen Vorrat für Notzeiten haben? Getreide, Gewürze, Äpfel und Wasser genügen.

Giftfreie und energiesparende Kochgeräte

Sie benötigen eine Getreide-Mühle mit Natursteinen, die gleichzeitig Flocken presst. Einen Mixboy (Größe: je nach Anzahl der Familienmitglieder) mit Glasbehälter, eine kleine Kaffeemühle (dient auch zum Zerkleinern von Nüssen und Gewürzen und teilweise auch zum Mahlen), einen Dampfgarer, verschiedene Kochtöpfe und Pfannen aus Edelstahl, Glas oder Keramik.

Sehr gut sind die neuen (fettfreien.) Keramikpfannen, die anstatt mit Kunststoff (Teflon) mit sieben Keramikschichten überzogen sind und eine Hitze bis zu 400 Grad aushalten können, die Sie aber nie benötigen werden, denn Sie lernen in diesem Buch ein sanftes und vor allem energiesparendes Kochen. (Teflonpfannen geben giftige Stoffe ab.) Mit guten Töpfen und meiner Kochanleitung sparen Sie 50 Prozent der Energie.

Vermeiden Sie generell Töpfe und Geräte aus Aluminium sowie Plastik, sie geben Gifte ab, die krank machen können.

Benutzen Sie nach Möglichkeit einen einfachen Herd, denn Induktions-Kochfelder (Ceran/Glaskeramik) und Mikrowelle sind wegen des Elektrosmogs ungesund. Speisen aus der Mikrowelle sind ungesund, diese strahlen bis zu sechs Stunden im Körper nach. Prüfen Sie Ihre Kochfelder und Elektroherde. Sehr zu empfehlen sind Gasherde, wenn sie einen Anschluss haben.

Wenn Sie eine Mikrowelle und ein Induktions-Kochfeld in der Küche haben, dann ist für Kinder der Zutritt aus gesundheitlichen Gründen verboten.

Der Fachjournalist und Buchautor Manfred Fritsch schreibt über die Mikrowelle: „Mikrowellenöfen gehören in keinen Haushalt und auch erst recht nicht in ein Restaurant. Hier werde der Krebs gleich mitgekocht. Die Elektro-Industrie habe wider besseres Wissen das Mikrowellengerät massenhaft produziert. Für die weltweiten Milliardengeschäfte müsse der Mensch - wie so oft - als Versuchsobjekt herhalten.“

Verwenden Sie bitte Arbeitsbretter und Kochlöffel aus Holz und Hilfsgeräte aus Edelstahl. Porzellanlöffel sind ein guter Ersatz für Plastiklöffel.

Benützen Sie bitte keine Friteuse, backen Sie beispielsweise Pommes frites im Backrohr. Erhitztes Öl ist nicht bekömmlich und manchmal sogar - wenn es schon einmal erhitzt wurde - giftig und somit auch die herausgebackenen Speisen.

Beispiel: Kartoffelspeisen sind normalerweise basisch. Aber im Öl herausgebackene Pommes frites nicht.

UNSERE GRUNDNAHRUNGSMITTEL

Biologische Lebensmittel aus der Nahversorgung sind für uns die beste Vorsorge und Medizin, sie sind sozusagen unsere „Naturapotheke".
Zu diesen Lebensmitteln zählen Wasser, Gemüse, Obst, Getreide, Eier, Milch, Kräuter, Gewürze und natürliche Würzmittel.

Wasser

Der Mensch besteht je nach Alter und Geschlecht zu ungefähr 75 Prozent aus Wasser und Wasser ist generell unser wichtigstes LEBENSMITTEL.
Ein schlechtes Gedächtnis kann auch dadurch entstehen, dass man zu wenig Wasser trinkt, denn auch das Gehirn besteht zu knapp **80 Prozent** daraus. Ebenso besteht das Blut zu 75 bis 80 Prozent aus Wasser und ungefähr fünf Liter werden in der Minute durch unsere Adern gepumpt.
Die Niere filtert täglich 180 Liter, dadurch wird sie von Abbaustoffen gereinigt. Täglich benötigt das Wunderwerk Mensch daher mindestens eineinhalb bis zwei Liter Wasser, etwa die gleiche Menge scheidet er auch aus.
Die Nieren werden durch das Wassertrinken entlastet und die Funktion der Reinigung und des Stoffwechsels wird angekurbelt. Die Abwehrkräfte gesteigert, das Nervensystem aktiviert, die Stressbewältigung erleichtert, die Konzentrations- und Leistungsfähigkeit erhöht sowie Herz und Kreislauf werden gestärkt.
Viel Wasser trinken .
Viel Wasser zu trinken dient außerdem als Schönheitsmittel, hält Sie fit, verhindert meistens eine Übersäuerung und regt die Verdauung an (wirkt einer Verstopfung entgegen, wenn Sie beispielsweise viel Stress haben).
Wenn sie am Morgen den Wasserhahn aufdrehen, lassen Sie das Wasser eine Minute rinnen, erst dann verwenden, denn das stehende Wasser in den Leitungen kann Bakterien mitführen.
Sollte das Wasser gechlort sein, dann rät Heilpraktiker Bernd Hartmann: „Um das Chlor aus dem Wasser zu vertreiben sollte man es besser kurz erhitzen. Stehen lassen allein, wie manche empfehlen, würde sicher viel zu lange dauern."
Manche Menschen trinken gerne das abgekochte Wasser (nach ayurvedischer Lehre 10 bis 20 Minuten köcheln lassen), weil es angeblich die Schlackenstoffe besser aus dem Körper ausschwemmt. Hartmann dazu: „Ich halte nichts von abgekochtem

Wasser, sondern von gutem Quellwasser oder belebtem Wasser nach Grander sowie ähnliche Methoden. **Ayurveda** ist ein abgeschlossenes Heilsystem, in dem man sich vollständig bewegt oder gar nicht. Essen, Trinken, Denken, Lebensführung – alles sollte dann nach diesem System gemacht werden, ansonsten ist es besser es zu lassen. Eine Teiladoption ist für mich unsinnig. Bitte denken Sie an den enormen Energie- und Zeitaufwand, wenn Sie das Wasser so lange abkochen müssen, bevor Sie es trinken. Eine reine Energieverschwendung. Aber Wasser-Abkochen nach Ayurveda entstand vielleicht einst, weil es in Indien kaum sauberes Wasser gab."

Hartmann betont auch, dass es sinnlos ist aus gesundheitlichen Gründen das Wasser zu entkalken, dies helfe vielleicht einigen Geräten.

Und zur Frage: Muss ein Mensch mit etwas mehr Gewicht und Größe auch mehr Wasser trinken?

Hartmann: „Natürlich gibt es hier Unterschiede. Ungefähr 2 Liter ist die mittlere Angabe. Wenn im Winter durch die Heizung und Kälte die Luft sehr trocken ist oder man durch Sauna, Sport oder Arbeit schwitzen musste, dann sollte man unbedingt nach oben korrigieren. Ein Maßstab: Eine 50-kg-Frau soll 1,5 Liter pro Tag trinken."

Wenn Sie mit dem Herzen oder den Nieren größere Probleme haben, also in Behandlung sind, dann sollten Sie bitte den Wasserkonsum unbedingt mit Ihrem Arzt besprechen.

Bitte trinken Sie kein Boilerwasser wie es vielfach bei Erkältungen empfohlen wird. Bernd Hartmann dazu: „Im Boilerwasser ist das Chlor noch enthalten, denn es konnte ja nirgendwo entweichen. Außerdem ist das **Boilerwasser** von den Informationen her mehr als tot und sogar noch mit Elektrosmog belastet. Bei Erkältungen Wasser in Zimmertemperatur aus einer Karaffe trinken, in die Sie vielleicht ein paar Heilsteine wie beispielsweise Bernstein, Chrysoberyll oder einen Grünen Turmalin legen."

Sollte Ihr Leitungswasser belastet sein, verzichten Sie so gut es geht auf Wasser aus Plastik-Flaschen. Plastik ist leicht giftig. Kaufen Sie Wasser in Glasflaschen oder vereinzelt gibt es bereits BIO-Plastik-Flaschen.

Verzichten Sie bitte auf Wasser-Filtergeräte, diese sind nicht giftfrei und laut Wissenschaft nutzlos, sie helfen nur bei Mikroben (winzig kleine Lebewesen, die Sie mit den Augen nicht erkennen können) und bei Kleinteilen. Nicht bei allen anderen Belastungen wie Blei, Chlor und Nitraten. Außerdem ist gefiltertes Wasser laut Wissenschaft ein „totes" Wasser.

Ein wichtiger Hinweis zum Nachdenken: Unzählige Betriebe, wie Fabriken, Entsorgungsfirmen, Massentierhaltungen und wissenschaftliche Institute benötigen nicht nur Unmengen von Wasser (an erster Stelle steht die **Massentierhaltung.**), sondern sie vergiften es außerdem mit folgenden Stoffen: Pestizide, Cadmium, Herbizide, Fungizide, Nitrat, Blei, Kupfer, Östrogene, Antibiotika, Ammoniak und andere Chemikalien. In manchen deutschen Städten wurde schon kostenlos Mineralwasser verteilt, wenn das Leitungswasser zu stark belastet war. Wir sollten Produkte meiden - wie Fleisch aus der Massentierhaltung - die viel Wasser verbrauchen und uns zusätzlich vergiften.

Andere negative Beispiele: Für einen Hamburger aus Rindfleisch werden 2400 Liter Wasser benötigt, für etwa 200 Gramm (eine Tüte) Kartoffelchips 190 Liter Wasser.

Viele Wissenschafter weisen darauf hin, dass Wasser das **Gold des 21. Jahrhunderts** ist. Jeder einzelne von uns kann es schützen.

Gemüse

An erster Stelle sollen Kartoffeln, Karotten, Blattsalate, Kohlgemüse, Zwiebeln, Gurken, Rübengemüse, frische Kräuter und Gewürze stehen. Nähere Erklärung auf den nächsten Seiten. Bereits hier können Sie wählen, welche Produkte für Ihre Gesundheit besonders wichtig sind.

Artischocken

Durch den Bitterstoff Cynarin regt dieses Gemüse den Stoffwechsel von Leber und Galle an. Italienische Ärzte empfehlen als Vorsorge für die Leber: das Kochwasser der Artischocken zu trinken; schluckweise über den Tag verteilt.

Auberginen (Melanzani)

Melanzani nicht schälen, denn der höchste Nährwert ist in der Schale. Die Inhaltsstoffe: Vitamin C, B1, B2, B6, Natrium, Kalium, Magnesium, Kalzium, Eisen und Phosphor. Sind bei Diabetes, **Rheuma** und **Nierenproblemen** sehr empfehlenswert.

Avocado

Enthält viel Vitamin E, das sich gut bei **Herz- und Kreislauferkrankungen** auswirkt und als **Krebsvorsorge** gilt.

Bohnen

Die Bohnen versorgen den Körper optimal. In manchen östlichen Ländern zählen die Bohnen zu den Hauptnahrungsmitteln, es gibt in diesen Regionen kaum **Krebs- und Herzkrankheiten.**

Sollten Bohnen zu Blähungen führen, dann würzen Sie bitte mit Kümmel (auch Kreuzkümmel und schwarzer Kümmel).

Die wichtigsten Inhaltsstoffe: Eisen, Natrium, Kalium, Magnesium, Kalzium, Selen, Phosphor, Vitamine der Gruppe B, A, C und E sowie einen hohen Anteil an Eiweiß. Siehe Fisolen.

Heilpraktiker Bernd Hartmann warnt: „Bohnen sowie auch Fisolen haben einen geringen **Blausäureanteil** und sind daher roh, wenn Sie größere Mengen essen, etwas giftig."

Brennnessel

Siehe Spinat.

Broccoli

Haben wie alle Kohlgemüse sehr viel Vitamin E, C, B 1, B 2, B 6 und Provitamin A, ist reich an Mineralstoffen wie Kalium, Kalzium, Phosphor, Eisen Zink und Natrium. Broccoli sind gute Vorsorge gegen **Schlaganfälle, Herzprobleme** und **Krebs**.
Auch die Blätter und Stängel schmecken wunderbar.

Champignons

Stärken die Knochen (Vitamin D), sind kalorienarm und enthalten Selen, Biotin, Eisen, viel Eiweiß, Kalium, Phosphor, Vitamine B, C, D, E und K.

Chili

Diese roten, scharfwürzigen kleinen Paprikaschoten enthalten sehr viel Vitamin C und das selten vorkommende Vitamin P (OPC), das ein wichtiger Co-Partner für das Vitamin C ist.
Chili **entgiftet** hervorragend, hilft bei **Gelenksentzündungen, Muskelschmerzen** und **Rheuma**.
Aber Vorsicht, nur wenn Sie die Schärfe gut vertragen. Chilipulver ist in vielen Würzmischungen und auch Entgiftungsmitteln enthalten. Etwas können Sie die Schärfe mildern, indem Sie innen die Samen und Scheidenwände entfernen. (Aus den Chili-Schoten wird der Cayennepfeffer hergestellt.)

Chinakohl

Ist ein gesundes, leichtes Gemüse, als Rohkost und zum Kochen sehr gut geeignet. Inhaltsstoffe siehe bei Brokkoli.

Erbsen

Enthalten Folsäure (Vitamin B 9 und B 11), Vitamin B1, Kalium, Magnesium, Selen und Eisen.

Fenchel

Dieses Gemüse hat vor allem einen hohen Gehalt an Vitamin E, enthält auch große Mengen an Beta-Carotin (Provitamin A), Eisen und Vitamin C.
Fenchel stärkt das **Immunsystem**, ist ein bekanntes **Krebsvorsorgemittel**, hilft bei Magen- sowie **Darmbeschwerden** und regt bei den stillenden Müttern die **Milchproduktion** an.

Fisolen oder grüne Bohnen

Inhaltsstoffe: Siehe bei Bohnen. Fisolen sind ein hervorragendes **Diätgemüse**, für **Diabetiker** gut geeignet, **entwässern** und beeinflussen das Drüsen- und Nervensystem positiv. Die enthaltenen Saponine sollen **krebsschützend** wirken. Fisolen bitte immer kochen, roh sind sie etwas giftig.

Gurke

Die Gurke entgiftet den Darm, kräftigt den Körper, entwässert, entschlackt und hilft bei **Arthritis, Rheuma** und **Gicht**. Enthält vor allem Vitamin C, A und B1, außerdem hat sie sehr wenig Kalorien.

Karotten

Karotten sind nicht nur ein gutes Mittel für die Sehkraft der **Augen**, bei **Cholesterin- und Hautproblemen**, bei **Durchfall** und chronischer Müdigkeit, sie stärken außerdem das **Immunsystem** und gelten laut Wissenschaft als Vorsorgemittel gegen **Krebs**.

Wenn Sie Karotten regelmäßig essen, können sie normalerweise nicht unter einer Verstopfung leiden, sollten Sie jedoch an Durchfall leiden, dann helfen Karotten ebenso. Sie wirken außerdem harn- und zuckerausscheidend, beugen Prostatabeschwerden vor, gelten als natürliches Potenzmittel, senken die Blutfettwerte und sie erzeugen außerdem einen kleinen Eigenschutz bei Sonnenstrahlung.

Dieses wertvolle Gemüse beinhaltet neben Eisen, Eiweiß, Folsäure, Fruchtsäure, Glutamin, Kalzium, Kalium, Lezithin, Magnesium, Natrium, Pektin, verschiedene Vitamine und einen sehr hohen Carotingehalt. Das frische Grün der Karotten wird vielfach entsorgt, enthält aber ebenso Vitamin- und Mineralstoffe und ist ein gutes Würzmittel bei Suppen und Gemüse oder Salate.

Karotten sollten Sie immer zusammen mit etwas Fett (Öl, Rahm, Butter) essen, sonst kann ein Teil der Vitamine (A+E) nicht aufgenommen werden.

Kartoffel

Die Kartoffel – BIO – selbstverständlich – liefert viel Vitamin C, auch Magnesium, Kalium, Eisen, Kalzium, Chrom, Selen und Phosphor. Sie ist basisch, enthält hochwertiges Eiweiß, besteht aus 20 Prozent Stärke, 70 Prozent Wasser und die vielen Ballaststoffe sorgen für ein gutes Sättigungsgefühl. Die Kalorien halten sich in

Grenzen. Besonders zu empfehlen sind die Pellkartoffeln (mit Schale gekocht), da in der Schale und direkt darunter viele Vitamine und Mineralstoffe enthalten sind. Sie wirken, wenn man sie nicht salzt, auch **entwässernd**. Beliebt zum Abnehmen und Entschlacken ist eine „Kartoffelwoche".

Die Naturmedizin empfiehlt heute regelmäßig Kartoffeln zu essen: denn es wird dadurch der Wasserhaushalt im Körper reguliert, der gesamte Stoffwechsel **entsäuert**, Herz, Kreislauf, Muskeln, Bindegewebe und Knochen werden gestärkt und gekräftigt.

Durch die Inhaltsstoffe Chrom wird die Konzentration erhöht und die Müdigkeit verringert, denn zu wenig Chrom bewirkt ein Absinken des Blutzuckerspiegels, was müde, unruhig und gereizt macht. Außerdem wirkt man der Gefahr von Zivilisationskrankheiten entgegen. Verbessert wird durch den Genuss von Kartoffeln ebenso die Verdauung sowie das normale **Wachstum der Kinder**.

Wer oft an **Muskelkrämpfen** leidet, die auf Kalium- und Magnesium-Mangel zurückzuführen sind, kann durch häufige Kartoffel-Mahlzeiten dagegen ankämpfen. Bluthochdruck-Patienten können Medikamente einsparen, wenn sie oft Kartoffeln essen. Angeblich lieben Kartoffelesser besser und die Kartoffel soll auch für gesunde **Spermien** verantwortlich sein.?

Eines ist sicher: die Kartoffel macht nicht dick. Nur dann, wenn Sie mit Fett zubereitet wird, wie beispielsweise in Öl herausgebackene Pommes frites.

Besonders gesundheitliche Erfolge erzielen Sie dann, wenn Sie die Kartoffel richtig zubereiten: mit der Schale dämpfen und mit Kräuterquark (Petersilie, Schnittlauch) und wenig Salz verspeisen.

Eine gesunde Zwischenmahlzeit: Kartoffelsalat mit rohen Karotten (die Kartoffeln kochen und schälen).

Früher wurde oft empfohlen das Kartoffelwasser bei **Magenproblemen** zu trinken, manche Ärzte warnen davor, weil Solanin im Wasser enthalten ist, das kann bei oftmaliger Anwendung giftig wirken und zu Augenflimmern führen.

Heilpraktiker Bernd Hartmann: „**Solanin** ist nur dann eventuell im Wasser, wenn man vorher die grünen Stellen nicht entfernt hat. Etwas rohe Kartoffeln knabbern hilft ganz gut bei **Sodbrennen**."

Wenn eine Kartoffel grüne Flecken in der Schale hat, diese Stellen vor dem Kochen wegschneiden, sie sind giftig. Beim Einkaufen einen Blick darauf werfen. Wenn die Kartoffeln allerdings noch erdig sind, dann sieht man es erst nach dem Waschen. Meistens bekommen die Kartoffeln durch die falsche Lagerung die grünen Flecken: Immer im Dunkeln kühl (ungefähr fünf Grad.) und trocken lagern.

Knoblauch

Knoblauch ist ein Zwiebelgemüse, kann man aber auch zu den Gewürzen zählen. Dass Knoblauch ein Tausendsassa ist, wissen wir schon lange. Heute sieht man Knoblauch jedoch wahrhaftig als pures Lebenselixier an. Und dies dank seiner auserlesenen Wirkstoffe: Sie senken die **Blutfette**, lösen **Kalkablagerungen** im **Gehirn** oder in den **Herzkranzgefäßen** auf und wirken einer **Arterienverkalkung** entgegen. Ein **altes Hausmittel**, ganz leicht selbst herzustellen, bewirkt wahre Wunder: 30 geschälte Knoblauchzehen, fünf klein geschnittene **Zitronen** (biologisch natürlich). Die Zitronen werden ungeschält in Stücke zerteilt, der Knoblauch geschält, danach beides zusammen mit unserem Mixer zerkleinert und mit einem Liter Wasser erhitzt. Achtung: diese Mischung darf nur einmal kurz aufwallen, keinesfalls kochen. Dann kalt werden lassen, abseihen und in Flaschen füllen, die man im Kühlschrank aufbewahrt.
Nehmen Sie täglich ein Schnapsglas zum Essen oder zwischendurch.
Die jährliche Kur besteht aus drei Wochen Einnahme – einer Woche Pause – abermals drei Wochen Einnahme. Sie können diese Kur auch öfters machen.
Durch die Zitrone wird der Knoblauchgeruch und die Knoblauchausdünstung komplett neutralisiert und von dem einzigen Nachteil der Knolle, dem aufdringlichen Duft, ist garantiert nichts zu merken.
Die Empfehlung des Heilpraktikers Bernd Hartmann lautet:
„Knoblauch im rohen Zustand sparsam gebrauchen, also 1-2 Zehen pro Mahlzeit, denn kleine Mengen regen die Darmbewegungen an, dagegen große schränken sie ein. Die meisten Knoblauchpillen helfen eher dem Hersteller als dem Käufer. Nur bei ganz wenigen sind die Wirkstoffe so gut aufgeschlüsselt und haltbar gemacht, dass sich der Weg in die Apotheke lohnt."

Kohlrabi

Enthält Selen, Vitamine A, B, E, C, viele Ballaststoffe, Eisen, Magnesium und Kalzium. Schützt vor **Erkältungen**, ist gut für die Muskeln und fördert die **Fettverbrennung**. Die frischen kleinen Kohlrabiblätter sollten Sie auch verwenden.

Kohlgemüse

Alle Kohlsorten enthalten viel Vitamin C, außerdem Vitamin B (auch B 9, die Folsäure), A, E und K sowie reichlich Eisen, Selen, Kalzium und Magnesium. Kohl ist ein ausgezeichnetes Gemüse für eine **Osteoporose-Vorbeugung und Krebsvorsorge**. Ob Grünkohl, Rotkohl (in Österreich und Schweiz: Kraut), Wirsing (in Österreich:

Kohl, in der Schweiz: Wirz), Blumenkohl (in Österreich und Schweiz: Karfiol), Rosenkohl oder Chinakohl, alle Sorten sind vitaminreiche **Schlankmacher**. Grün- oder Rotkohl sowie Chinakohl eignen sich sehr gut als Rohkostsalat. Ein Gesundheitstipp: Kohlwickel helfen bei **Gelenksentzündungen**.

Kren siehe bei Meerrettich

Kürbis
Kürbis hat eine heilsame Wirkung auf **Prostata-**, **Blasen-** und **Harnleiden**. Das Gemüse ist harntreibend, es enthält Vitamine der Gruppen A, C und E, Ballaststoffe sowie Kalium, Kalzium und Folsäure.

Lauch (Porree)
Dieses Gemüse ist ein guter Lieferant von Vitamin C, B und K sowie von Eisen, Mangan, Kalzium und Magnesium.
Hilft bei **Appetitlosigkeit** und **Darmentzündung**. Es gibt viele Menschen, die das Gemüse nicht vertragen: Die heilige Hildegard von Bingen, Verfasserin der Hildegard-Medizin (Universalgelehrte und Heilerin 1098-1179) zählte Lauch zu den sogenannten „Küchengiften". Also Vorsicht.

Linsen
Zur Erinnerung: Es geht immer um Bio-Produkte. Linsen sind nicht nur ein gesundes Lebensmittel, sie haben auch eine Heilwirkung. Für **Gehirn**, **Zellen** und das **Nervensystem** sie sind aufgrund der wertvollen Inhaltsstoffe eine gute **Regenerationshilfe**, liefern außerdem wertvolle Eiweißbausteine sowie Kraft und viel Energie.
Die Inhaltsstoffe: Vitamin A, B1, B2, B6, C, Folsäure, Pantothensäure, Lecithin, Magnesium, Kalzium, Kalium, Kupfer, Kobalt, Molybdän, Selen, Zink, Nickel, Fluor, Phosphor und Niacin. Außerdem enthalten Linsen wertvolle Aminosäuren und sie sind zusätzlich eine Eisenquelle und leicht basisch.
Ernährungswissenschafter sagen, Linsen sollten Sie mindestens einmal in der Woche auf dem Speiseplan haben. Auch Linsensalat ist köstlich.

Meerrettich (Kren)
Meerrettich stärkt die **Abwehrkräfte**, regt die **Verdauung** und die **Gallentätigkeit** a n

und zählt als **Krebsvorsorgemittel**. Enthält sehr viel Vitamin C, außerdem Kalium und Eisen. Meerrettich hemmt **Darmbakterien, Pilze sowie Entzündungen** der Blase und Niere, wirkt schleimlösend, vor allem bei Stirnhöhlenproblemen und Bronchitis. Außerdem aktiviert Meerrettich die Entgiftungsenzyme und ist dadurch als krebshemmend anerkannt.

Heilpraktiker Bernd Hartmann: „Meerrettich ist ein **natürliches Antibiotikum**, ebenso die Kapuzinerkresse und ganz besonders die Brunnenkresse." Selbst bei einfachem **Schnupfen** hat sich der Kartoffel-Kren-Brei oft bestens bewährt, der Hauptbestandteil des Krens ist das Senfölglykosid Sinigrin.

Paprikaschoten

Ob grün, rot oder gelb, alle Sorten enthalten viel Vitamin C und sie sind am besten als Rohkost geeignet. Sie stärken besonders das **Immunsystem** und helfen beim **Abnehmen**. Andere Heilwirkungen siehe unter Chili.

Pilze

Pilze nehmen die **Umweltgifte** (auch Schwermetalle) aus dem Boden ganz besonders gut auf. Laut dem Umweltinstitut München (2016): „Der radioaktive Niederschlag nach Tschernobyl, insbesondere das Cäsium 137, belastet leider immer noch die Waldböden in Europa, und die physikalische Halbwertszeit beträgt 30 Jahre." Die Katastrophe von **Tschernobyl** ereignete sich am 26. April 1986.

Siehe unter Champignons. Pilze und ebenso Champignons können Sie auch selbst züchten. Lassen Sie sich von Experten beraten.

Radieschen, Rettich

Enthalten Vitamin C, reichlich Kalium, außerdem Natrium, Magnesium, Kalzium, Phosphor und Eisen. Rettiche wirken **krebshemmend**, gut auf die **Galle** und helfen bei **Bronchitis** sowie **Rheuma**.

Rhabarber

Durch seinen hohen Kaliumanteil wirkt Rhabarber **entwässernd** und **kreislaufregulierend**.

Heilpraktiker Bernd Hartmann: „Rhabarber hat einen sehr hohen Anteil an **Oxalsäure**. Ihn bei Oxalat-Nierensteinen unbedingt vermeiden. Wie übrigens auch die Kerne der Tomaten."

Rosenkohl (Kohlsprossen)
Siehe Kohlgemüse.

Rote Rübe (Rote Bete, Grande)
Diese Rübe kräftigt vor allem das **Immunsystem**, aktiviert die **Zellatmung** und hilft bei **Hautentzündungen**. Der Saft ist blutbildend und dieses Gemüse sollte vor allem roh zubereitet werden. Beispielsweise im kleinen Mixer gemeinsam mit einem Apfel reiben. Die Rote Rübe hat wertvolle Inhaltsstoffe, wie Aminosäuren, Glutamin und Betain, Provitamin A, Vitamine A, B, C, Folsäure, Kalium, Magnesium, Eisen, Kupfer, Zucker, Eiweiß, Fett, Kalzium, Phosphor, Natrium, Schwefel, Jod sowie **Krebsschutzstoffe**.

Rucola (Rauke)
Hat einen hohen Anteil an Jod und an Senfölen, enthält Vitamin C und Folsäure. Hilft bei **Schilddrüsenproblemen**, fördert die **Verdauung** und hat eine **antibakterielle Wirkung.**

Salate: Kopfsalat, Endivie, Chicorée, Chinakohl, Zuckerhut, Radicchio und Feldsalat (wird auch Rapunzel, in Österreich Vogerlsalat und in der Schweiz Nüsseler genannt).
Alle liefern reichlich Vitamin C und B, Kalium, Magnesium, Kalzium und Phosphor. Der Feldsalat hat einen besonders hohen Eisen- sowie Folsäuregehalt (Vitamin B 9) und ist für **Schwangere** sehr wichtig.
Feldsalat hat von allen Salatsorten den höchsten Gehalt an Vitamin A und C, außerdem einen hohen Eisengehalt.

Sauerkraut
Enthält viel Vitamin C, auch B 6 sowie Magnesium, Kalium, Kalzium und Phosphor. Ist ein auserlesenes Lebensmittel zur **Magen- und Darmreinigung** und die darin enthaltene Milchsäure aktiviert die **Zellatmung**.
Heilpraktiker Bernd Hartmann: „Sauerkraut wird milchsauer und auch essigsauer eingelegt. Die Verträglichkeit muss individuell festgestellt werden."

Schwarzwurzel
Enthält viel Kalium und Eisen und gilt als Antistress-Gemüse.

Sellerie

Gibt es als Knolle oder in Staudenform zu kaufen, die grünen Blätter enthalten wertvolles Chlorophyllin und Bitterstoffe, ansonsten sind die Inhaltsstoffe bei beiden Formen ziemlich gleichwertig: Vitamin A, B1, B6, C, E, K, Kalium, Kalzium, Niacin, hochwertiges Natrium, Phosphor, Silizium, Eisen, Mangan, Kupfer, Zink, Selen und Schwefel. Sellerie **entwässert**, entlastet das **Lymphsystem**, fördert den **Gallenfluss** und harmonisiert das **Drüsensystem**. Ist gezielt einsetzbar bei **Bluthochdruck, Ödemen, Rheuma, Gicht, Arthritis** und **Übergewicht**.

Sojabohne

Ursprünglich stammt die Sojabohne aus China, wird inzwischen aber in vielen Ländern der Welt angebaut. In Europa wird Soja lediglich in Italien und in Deutschland, beispielsweise im klimatisch günstig gelegenen Rheinland angebaut. Bekannt ist bei uns vor allem die Sojamilch, Sojasoße (zum Würzen von Suppen und Speisen, ähnlich wie Maggi, aber Vorsicht., enthält viel Salz.), das Tofu (gilt als Fleischersatz), Sojamehl, Sojaöl und die Sojapaste (Miso). Misos sind japanische Würzpasten für Suppen und andere Speisen. Nach dem Fukushima-GAU in Japan (2011) würde ich aus Japan keine Sojaprodukte kaufen, prüfen Sie bitte genau, von wo Sie diese beziehen.

Sojabohnen sind basisch, enthalten etwa 40 Prozent Eiweiß, 20 Prozent Fett (cholesterinfrei), Magnesium, Kalzium, Kalium, Eisen (viel), Selen und Zink sowie den Radikalfänger Vitamin E und B-Vitamine, enthalten sehr wenig Kohlenhydrate.

Aus der Volksheilkunde ist bekannt, dass Frauen, die viel Sojaprodukte essen, keine **Wechseljahrsbeschwerden** haben, außerdem mindert Soja den Abbau der **Knochensubstanz**, schützt vor **Gefäßkrankheiten**, löst **Gallensteine** und wird auch als Vorsorgemittel gegen **Krebs** gesehen. Die Miso-Suppe soll (ähnlich wie die Dinkelsuppe) schädliche Umwelteinflüsse wie Nikotin und Abgase neutralisieren.

Allerdings wird vor dem Verzehr von zu vielen Sojaprodukten aufgrund der hormonellen Wirkstoffe gewarnt, sie könnten sogar angeblich Zellen schädigen.

Bitte greifen Sie besonders hier zu den Bioprodukten.

Heilpraktiker Bernd Hartmann zu diesem Thema: „Bei Sojasoßen und -produkten ist darauf zu achten, dass sie keine **Benzoesäure** enthalten dürfen, das ist eine der schlimmsten Enzymräuber für unseren Verdauungstrakt. Die großen Marken haben meist reichlich davon. Aldi und Hofer verkaufen gelegentlich welche ohne. Vorsicht bei amerikanische Sojabohnen und deren Produkte, sie sind meist Gen-Ware.

*Sojabohnen enthalten Isoflavone, die eine hormonähnliche Wirkung haben können. Es gibt Präparate, die diese **Isoflavone** konzentriert enthalten, aber mit normalem Soja-Verzehr darf es keine Probleme geben."*

Spargel

*Spargel enthält über 90 Prozent Wasser, Folsäure und Kalzium, Selen, Vitamin A, B, C und E und wirkt **entwässernd**. Heilpraktiker Bernd Hartmann: „Spargel bei **Gicht** sparsam verwenden."*

Spinat

Die wichtigsten Inhaltsstoffe: Eisen, B-Vitamine, Vitamin C und A sowie die Mineralstoffe Kalium, Silizium und Kalzium.

*Es gibt unzählige Sorten von Spinat, er hat außerdem **verdauungsfördernde** Säfte und er ist ein gutes Mittel gegen **Verstopfung**, wirkt **blutbildend, entwässert** und hilft beim **Abnehmen**.*

*Aber Vorsicht, auch beim Biospinat können minimale Spuren von **Nitrat** enthalten sein und deshalb sollte er niemals aufgewärmt werden.*

Es gibt Gemüsesorten, die mehr Nitrat aufnehmen als andere, dazu zählen beispielsweise Rote Beete, Kopfsalat und Spinat.

Beim Aufwärmen von Spinat wird das eventuell (auch bei Biospinat in sehr geringen Mengen) enthaltene Nitrat durch Bakterien zum gesundheitsschädlichen Nitrit umgewandelt, und Nitrit ist nicht nur gesundheitsschädlich, es kann auch durch andere Verbindungen krebserregend wirken.

*Kleinkinder könnten Atemprobleme bekommen. Also Vorsicht bei Spinat, wenn dann unbedingt BIO und trotzdem niemals aufwärmen. Und wenn Ihr **Baby** den Spinat durch die Gegend spuckt, dann hat es wahrscheinlich einen sehr guten Instinkt.*

Beispiele von anderen eisenspendenden Lebensmitteln: alle Sojaprodukte, natürlich auch die Sojamilch, Fenchel, Karotten, Kartoffel, Linsen, Tomaten, Kohlgemüse, Himbeere, Heidelbeere, schwarze Johannisbeere, Apfel, Birne, Pfirsich, Haferflocken, Hirse, Linsen, Dörrobst (Äpfel, Aprikosen, Rosinen)...

*Sehr gesund ist ein Spinat aus Brennnesseln: denn er **entwässert** und **entgiftet** besonders gut (zu empfehlen auch bei **Ekzeme** und **Hautprobleme**), ist außerdem sehr hilfreich (innerlich und äußerlich) bei **Gelenksentzündungen, Ischias** und **Rheuma**.*

Voraussetzung ist aber, dass die Brennnesseln nicht neben einer Autobahn gewachsen sind. Es gibt sehr gute Plätze an feuchten Flussufern oder Waldstücken, auch in Auen, und abgesehen vom „Sauren Regen" kann man diese Regionen doch noch als „giftfrei" bezeichnen.

Tomate (Paradeiser)
Inhaltsstoffe: Vitamine A, C, E, Folsäure, viel Beta-Karotin, Lykopin (für manche Menschen hat **Lykopin** im Körper eine positiv Wirkung, andere wieder vertragen diesen Radialkalfänger nicht so gut) und Eisen. Außerdem enthalten Tomaten Ballaststoffe, die die **Verdauung** fördern und den **Cholesterinspiegel** senken. Tomaten **entwässern**, reinigen das Verdauungssystem, unterstützen die Funktion von **Leber** und **Galle** und sie können **krebserzeugende** Vorgänge im Körper hemmen. Tomaten sollten nur sehr reif gegessen werden. Siehe auch bei Rhabarber.

Topinambur
Die noch einigen Menschen unbekannte Topinambur-Knolle wurde zur **Schlank-macher-Knolle** erkoren. Dieses kartoffelähnliche Gewächs wird auch als Erd-Artischocke oder Erdbirne bezeichnet und ist sehr ballaststoffreich. Immer mit der Schale kochen, sonst ist die Knolle bitter. Ist nicht nur ein hervorragendes Lebensmittel, die Knolle wird auch als Heilmittel verwendet: Hilft bei **Darm-** und **Verdauungsproblemen**, vermindert den Appetit (siehe Bildtext rechte Seite.) und ist daher ein gutes **Diätmittel**. Hemmt das Hungergefühl und ist ein gutes Heilmittel. Hilft bei **Ekzemen** und trockener **Haut**, bei **Schlaflosigkeit** und bei **Diabetes**. Enthält sehr viel Kalium, auch Eisen, Kupfer und Magnesium sowie eine Vielzahl von Vitalstoffen. Die Knolle enthält den Ballaststoff Inulin, der diese Wurzel zum idealen Kartoffelersatz für Diabetiker macht.
Heilpraktiker Bernd Hartmann: „Topinambur wirkt sich besonders gut auf die **Bauchspeicheldrüse** aus." Wenn Sie abnehmen wollen, dann empfiehlt Hartmann Helianthus Urtinktur oder D2 von DHU, auch Helianthus comp. Plantina. Diese Mittel hemmen das Hungergefühl und verbessern den Stoffwechsel, dadurch kann es dann zu der Gewichtsreduktion kommen (auch für Kinder geeignet).
Wer abnehmen will siehe Seite 47 bei Chia Samen.

Zucchini
Zucchini **entwässern** und **entsäuern** den Körper. Die wichtigsten Inhaltsstoffe:

Vitamin C, B1, B2, A, Kalium, Kalzium, Mangan, Selen, Kupfer, Zink, Molybdän und Phosphor.

Zwiebel

Die Zwiebel ist nicht nur eine sehr wichtige Gemüsepflanze, sondern auch ein auserlesenes Heilmittel. Sie hilft das **Immunsystem** zu stärken, wirkt gegen **Erkältungen** allgemein, ist sehr hilfreich bei **Husten**, **Heiserkeit** und als **Schleimlöser**.

Die Zwiebel ist ein **natürliches Antibiotikum**, stoppt die Keime, regt die **Verdauung** und den **Kreislauf** an, schützt das **Herz** und wirkt **harntreibend**.

Diese Gewürzpflanze verbessert geschmacklich viele Speisen und hält uns gesund. Wer sie roh nicht verträgt, einfach zart dünsten (nicht mit großer Hitze dunkelbraun in Fett rösten, da vermindert sich die Heilwirkung stark).

Rohe Zwiebeln machen munter: ein **Zwiebelbrot** kann wirksamer sein als der stärkste Kaffee.

Einige Gesundheitstipps:

Wenn Sie von **Insekten** gestochen werden, dann legen Sie auf diese Stelle Zwiebelscheiben auf, das entgiftet und nimmt die Entzündung. Sollten Sie jemals in die Situation kommen, dass Sie von einer Wespe oder Biene im Mundraum gestochen wurden, sofort Rettungsdienst (Hubschrauber.) rufen oder in die nächste Klinik fahren, als ERSTE HILFE-Maßnahme sollten Sie eine rohe Zwiebel kauen, dies kann unter Umständen bis zur ärztlichen Versorgung, eventuell das Ärgste verhindern.

Die Zwiebel wird empfohlen bei **Allergien, Asthma, Bronchen, Insektenstiche,** als **Krebsvorsorge**, bei **Ohrenschmerzen**, **Schnupfen** (auch **Heuschnupfen**) und **Stirnhöhlenproblemen**.

Die Inhaltsstoffe der Zwiebel sind dem Knoblauch sehr ähnlich, ebenso dem Bärlauch, der im Frühjahr in keiner Küche fehlen sollte. Bärlauch reinigt und kräftigt den gesamten Organismus. Als im 18. Jahrhundert noch die Bären in unseren Hochgebirgswäldern lebten, war Bärlauch ihre erste Nahrung nach dem Winterschlaf, daher der Name.

Heilpraktiker Bernd Hartmann: „Man kann eine rohe Zwiebel (geschnitten) in ein Glas Wasser geben und nachts neben sich auf den Nachttisch stellen. Die Nase hört dann auf zu rinnen."

Die meisten Zwiebeln soll man mit der Hand schneiden, da sie im Mixer eventuell ein bitteren Geschmack bekommen. Wenn Sie allerdings im Mixer etwas Wasser hinzufügen, werden die Zwiebeln nicht bitter.

Wer beim Zwiebelschneiden immer tränt soll kurzfristig eine „Zugluft" schaffen, anschließend die Hände gut waschen und dann die Augen lauwarm oder kalt auswaschen.

Obst

Obst und Rohkost vertragen viele Menschen nach 17.00 Uhr nicht mehr. Es ist besonders gesund als Frühstück, es versorgt den Körper optimal mit Vitaminen und Mineralstoffen. Äpfel gehören täglich auf den Speiseplan.

Apfel

Der Apfel säubert den **Darm**, ist auch ein kleiner Helfer für eine **schlanke Figur**, erhält die **Zähne** weiß, verhindert Karies, weil er desinfizierend wirkt, hilft auch bei **Schlaflosigkeit** und **Migräne**, enthält die Vitamine A, B, C, Kalium, Eisen, Eiweiß und Pektin (Pektin senkt den Cholesterinspiegel). Der Vitamingehalt der Apfelschale ist siebenmal so hoch wie der des Fruchtfleisches. Bitte kaufen Sie nur BIO-Äpfel und essen Sie einmal am Tag einen Apfel.

Aprikose (Marille)

Enthält Vitamin A, C, B, Niacin, Provitamine (Karotinoide), Magnesium, Kalzium, viel Kalium, Silizium, Natrium, Kupfer und Eisen. Aprikosen wirken auf die **Sehkraft** und sind hilfreich bei der **Blutbildung**.

Banane

Die Bio-Banane kann schwere Darmstörungen heilen, vor allem bei Kindern. Sie gilt in manchen Tropengegenden immer noch als Hauptnahrungsmittel, zeichnet sich besonders durch einen großen Basenüberschuss und hohen Kaliumgehalt aus. Die Banane hat auch eine aufbauende Wirkung nach **Erschöpfung**szuständen, ist hervorragend für **stillende Mütter**, bei **Bluthochdruck**, für **Sportler** und Schwerarbeiter. Hilft auch bei **Durchfall**, ebenso bei **Verstopfung** (das enthaltene Pektin bindet viel Wasser im Darm und macht so den Stuhl fester und durch die verschiedenen Ballaststoffe helfen Bananen auch bei Verstopfung). Der hohe

35

Kaliumgehalt wirkt entwässernd bei Ödemen. Im Vergleich zu einem Apfel enthält die Banane viermal so viel Protein, fast doppelt so viele Kohlenhydrate, dreimal so viel Phosphor sowie etwa fünfmal so viel Eisen und Vitamin A.

In der Volksmedizin wurden die Bananen früher bei **Hysterie**, Epilepsie, Ruhr und Cholera verabreicht. Diese Frucht enthält außerdem das „**Glückshormon**" Serotonin, das stimmungsaufhellend (Depressionen.) und schlaffördernd wirken kann. Kurbelt außerdem die **Gehirnleistung** an und fördert die Lernfähigkeit bei Kindern und Erwachsenen. Nehmen Sie nur reife Bananen, die Schale soll bereits braune Flecken haben.

Zu empfehlen sind auch die getrockneten Bananen. Nachdem die Bananen bei uns nicht mehr wegzudenken sind, obwohl die Zulieferung durch Flugzeuge oder Frachter geschieht, die das Klima stark belasten, habe ich die wichtige Heilwirkung von Biobananen trotzdem angegeben.

Birne

Inhaltsstoffe: Vitamin C, A, Folsäure und Kalium, Magnesium, Schwefel, Zink, Eisen, Kupfer (Kupfer trainiert das Gehirn), Jod, Phosphor, Schwefel und Zink. Eisen ist gut für die **Blutbildung** und Phosphor stärkt die **Nerven**.

Brombeere

Enthält viel Vitamin A, C, Folsäure, Kalium, Kalzium, Magnesium, Phosphor und Eisen. Mit Brombeertee gurgeln hilft gut bei **Heiserkeit** und **Halsschmerzen**, die Früchte stärken generell das **Immunsystem**, vor allem die **Leber**.

Erdbeere

Liefert Vitamin A, B1, B2, C, Folsäure, Kalium, Magnesium, Silizium, Phosphor und Eisen. Die Erdbeere enthält mehr Vitamin C als die Zitrone, sie **entschlackt** und **entwässert** hervorragend und kann bei **Leber- und Rheumaproblemen** sehr gut helfen. Wenn Sie allergisch reagieren, versuchen Sie die Früchte ganz leicht zu erhitzen. Prüfen Sie gut, welche Erdbeeren Sie essen.

Viele Erdbeerplantagen liegen neben stark befahrenen Straßen. Möglicherweise ist ein Ausflug in die Wälder zu Walderdbeeren gesünder als bleibelastete Bio-Erdbeeren (aber alle Waldbeeren gut waschen, schon wegen der eventuellen Gefahr des Fuchsbandwurmes).

Hildegard von Bingen zählte die rohen Erdbeeren zu den Küchengiften.

Erdnüsse

Diese südamerikanischen Hülsenfrüchte enthalten sehr viel Kalium, und Magnesium, etwas Zink und Selen, Mangan, Natrium und Eisen, außerdem Vitamin E und B.

Vor allem aber sind sie ein guter **Eiweißlieferant**, deshalb werden die Erdnüsse von Vegetariern sehr geschätzt.

Erdnüsse sind aber ein starker Säurelieferant, ebenso wie Paranüsse und Walnüsse. Haselnüsse und Mandeln sind dagegen schwache Säurelieferanten.

Bitte Vorsicht bei Erdnüssen, sie werden manchmal schlecht gelagert und deshalb von Schimmelpilzen befallen, die giftig sind. Außerdem haben manche Menschen eine Erdnussallergie wie beispielsweise **Nesselausschlag**, tränende Augen oder auch Atembeschwerden.

Feigen

Enthalten Kalium, Magnesium, Phosphor und Eisen, außerdem Carotin und die Vitamine der B-Gruppe, ebenso Vitamin C und A. Vor allem sind die getrockneten Feigen basisch und haben einen hohen Energiegehalt.

Grapefruit

Inhaltsstoffe: Vitamin C, Kalium, Magnesium, die Frucht kann beim **Abnehmen** hilfreich sein und aus den Kernen wird ein natürliches Antibiotikum hergestellt.

Hagebutte

Gilt als Vitamin-C-Lieferant Nummer Eins. Als Marmelade mit Honig oder Stevia (siehe Stevia)eingekocht ist es ein bekömmliches **Grippemittel** und für die dunkle, sonnenarme Winterszeit ein Seelenaufheller.

Auch als Tee sehr bekömmlich. Pflücken Sie die Beeren an Wanderwegen, die weit weg von Einflugschneisen oder Autobahnen liegen, aber erst dann, wenn sie weich sind. Die Kerne sollten entfernt werden.

Haselnuss

Laut Hildegard von Bingen bringt uns der Verzehr von Haselnüssen: „Weisheit, sie stärken außerdem unseren Verstand und unsere Nerven."

Fast alle Nüsse sind ein gutes **Nervenmittel** und man gewinnt daraus schmackhafte Öle.

Heidelbeere

Professorin Dr. rer. nat. Ingrid Herr vom Deutschen Krebsforschungszentrum DKFZ und und Chirurgischen Universitätsklinik Heidelberg schreibt zusammenfassend: „Das traditionelle Wissen der Nahrungsheilkunde erlebt derzeit aufgrund neuer Kenntnisse ernährungswissenschaftlicher und medizinischer Forschung eine Renaissance. Heute ist erklärbar, warum bestimmte Lebensmittel therapeutische Wirkungen besitzen und weshalb der Verzehr von Obst und Gemüse zu einer geringeren Häufigkeit bestimmter Krebsarten führen kann. Beerenobst und insbesondere die Heidelbeere hat demnach die höchste Kapazität, freie Radikale unschädlich zu machen, bevor diese die Zellmembranen und die Erbsubstanz schädigen und zu Krebs, Schlaganfall oder Herzerkrankungen führen können.

Sekundären Pflanzenstoffen wie den Anthocyanen aus der Heidelbeere wird eine krebsvorbeugende Wirkung zugeschrieben. Der vorliegende Artikel gibt eine Übersicht über sekundäre Pflanzenstoffe im Allgemeinen und fokussiert anschließend auf die heilkundliche Anwendung der Heidelbeere bei vielen Erkrankungen sowie ihre krebsvorbeugende Wirkung (Ausschnitt eines sehr wichtigen und informativen Artikels)."

Zur positiven Wirkung der Heidelbeere bei Augenproblemen schreibt die Wissenschafterin Ingrid Herr: „Auch bei der diabetischen Retinopathie und der altersbedingten Makuladegeneration können die blauen Beeren hilfreich sein. Insbesondere nachtblinde und blendempfindliche Personen können von einer guten Versorgung mit Heidelbeeren profitieren. Das gilt speziell für Autofahrer, für ältere Menschen sowie für Menschen, die häufig an einem Monitor arbeiten, häufig fernsehen oder viel lesen. Die überaus reichlich enthaltenen Vitamin-A-Vorstufen (Alpha-Carotin, Beta-Carotin u. ä.) liefern ferner den Rohstoff für das wertvolle Augenvitamin A. Die Verwendung der Heidelbeere in der Augenheilkunde ist umso interessanter, als man heute weiß, dass die diabetischen Retinopathien beispielsweise durch eine unkontrollierte Blutgefäßbildung in der Netzhaut verursacht werden – ein Phänomen vergleichbar dem Prozess, der das Tumorwachstum durch die Bildung neuer Blutgefäße beschleunigt."

Heilpraktiker Bernd Hartmann: „Wie schon erwähnt, verbessern Heidelbeeren das Sehen in der Dämmerung und nachts bei Gegenverkehr. Es gibt auch ein gutes Mittel Difrarel 100, ein Heidelbeerenextrakt, denn so viele Heidelbeeren, die den Inhaltsstoffen der Tabletten entsprechen, werden oft nicht gut vertragen."

Nehmen Sie dieses Mittel dann und wann vorsorglich: wenn der Mond die zuneh-

mende Phase hat, denn dann nimmt der Körper alles besser auf. Die Heidelbeere hat einen sehr hohen Vitamin C-Gehalt und ist hilfreich bei **Durchfallerkrankungen**. Vorsicht. Die Blätter sind leicht giftig.

Himbeere

Enthält Vitamin C, Folsäure, Kalium, Magnesium, Phosphor und Eisen. Die Himbeere ist ein altes Hausmittel bei **Fieber** und schmerzhafter Regel. Aber vor allem hellt die Himbeere die Seele auf, was auch bei Kindern sehr oft wichtig ist, vor allem wenn sie in der Schule überlastet werden.

Holunderbeere (Holler)

Diese Beere hat einen sehr hohen Vitamin-C und -B-Gehalt und **reinigt das Blut**. Holunderblütentee wird bei **Fieber** und **Erkältungskrankheiten** gerne verwendet, er stärkt, **entgiftet**, **entwässert** und **beruhigt** die **Nerven**.

Holunderbeeren sollte man nicht roh essen, sie führen zu Übelkeit, vor allem die roten Holunderbeeren von den Sträuchern, die in den Wäldern wachsen. Marmelade aus den roten Beeren stärken im Winter die Abwehr und helfen vorzüglich bei Halsschmerzen.

Schwarze Holunderbeeren stärken **Herz** und **Kreislauf** und können bei **Rheuma** helfen.

Sehr gesund und beliebt sind der Holunderblüten-Sirup und auch die mit Teig herausgebackenen Holunderblüten.

Der Volksmund sagt: „Im Holunderstrauch wohnen die guten Geister."

Johannisbeere rot und schwarz (Ribisel)

Beide Beeren stärken das **Immunsystem** und können bei **Hautproblemen** helfen. Der Saft der schwarzen Johannesbeere hilft bei Halsschmerzen, Gicht und Rheuma. Inhaltsstoffe: vor allem viel Vitamin C, Folsäure, Biotin, Kalium, Magnesium, Phosphor und Eisen.

Kaki

Wird auch als „Chinesische Dattelpflaume" bezeichnet, liefert wertvolles Provitamin A (Beta-Carotin) und C sowie Glucose. Am besten schmecken die überreifen Kakis, man schneidet sie in der Mitte auseinander und löffelt das Fruchtfleisch heraus. Gut für die **Augen**.

Kirsche

Diese Früchte wirken **harntreibend** und **fiebersenkend**, der Kirschensaft hilft bei **Husten** und enthält Vitamin C, Folsäure, Kalium, Magnesium und Phosphor. Der hohe Gehalt an Kalium hat eine **entwässernde** Wirkung.

Sauerkirschen (Weichsel) sind besonders reich an Phenolen und haben eine starke **entzündungshemmende** Wirkung.

Die Sauerkirsche zählt zu den gesündesten Obstsorten.

Kiwi

Inhaltsstoffe: Vitamin C, K, Kalium, Kalzium, Magnesium, Phosphor und Eisen. Diese Früchte stärken das **Immunsystem**.

Es gibt viele Menschen, die diese Frucht nicht vertragen, weil sie wie auch Ananas und Papaya das **Enzym Actinidin** enthalten und das kann bei einigen Menschen Allergien auslösen.

Ernährungswissenschaftler Martin Schörghasler aus München erklärte, dass Kiwi zwar ein gutes Schweinefutter, aber für Menschen nicht geeignet sind.

Heilpraktiker Bernd Hartmann: „Kiwi sollte man nur ab und an und in geringen Mengen verwenden. Regelmäßig und in größeren Mengen gibt es sehr leicht arge Gastritiden."

Mandarine

Enthält Vitamin C, Kalium, Kalzium, Magnesium. Diese Frucht stärkt vor allem das **Immunsystem**.

Mandel

Wirkt basisch und beinhaltet ungesättigte Fettsäuren, Vitamin E, C, Magnesium, Kupfer, Kalzium, Kalium, Magnesium, Phosphor, Schwefel, Selen, Zink und Eisen. Liefert sehr viel Energie und gilt auch als **Krebsvorsorgemittel**.

Maroni (Edelkastanie)

Maroni sind sehr gesund, sie enthalten viel B-Vitamine, die für die **Nervenfunktionen** wichtig sind, zusätzlich Vitamin E und C, die für ein gutes **Immunsystem** sorgen.

Außerdem haben sie einen sehr hohen Kaliumanteil, auch Magnesium und Kalzium.

Melone

Melonen sind Kürbisgewächse, aber zählen zu den Sommerfrüchten. Sie werden in Wasser- und verschiedene Zuckermelonen unterteilt, der Name stammt aus dem Griechischen und bedeutet „großer Apfel". Sie enthalten Vitamin A und C, Kalium und Kalzium.

Die Wassermelone wirkt stark **entwässernd** und befreit Sie von überflüssigem Salz und der **Harnsäure**. Hilft bei **Gicht**, **Rheuma** und beim **Abnehmen**.

Nektarine

Enthält Vitamin A und Provitamine (Karotinoide), Kalium, Magnesium und Phosphor. Wirkt ebenfalls wie die Melone stark **entwässernd** und **entgiftend**, aber ist keine Diätfrucht.

Orange

Die Inhaltsstoffe: Vitamin C, B1, Folsäure (B9 und B11), Biotin, Kalium, Kalzium, Magnesium und Phosphor. Die Orange stärkt das **Immunsystem** und regelt die **Verdauung**. Die Orangenschale - auch getrocknet - hält die Atemwege frei und gilt als **Krebsvorsorge** (Darm-, Brust- und Hautkrebs).

Aber Vorsicht, Heilpraktiker Bernd Hartmann warnt: „Orangen und Orangensaft sollten Menschen mit **Gelenkbeschwerden** nur in kleineren Mengen und nicht täglich verwenden, sonst gibt es spürbaren Ärger."

Pfirsich

Diese sehr beliebte Frucht liefert Vitamin A, C, B1, B2, Magnesium, Silizium, Kalzium, Kalium, Phosphor sowie Eisen und regeneriert das **Verdauungs-** und **Lymphsystem**.

Direkt unter der Schale sind die meisten Vitamine und Mineralstoffe enthalten. Wenn Sie den Früchten die Haut abziehen wollen, dann legen Sie sie für etwa zehn Sekunden in kochendes Wasser und dann mit kaltem Wasser abschrecken, so lässt sich die Haut gut entfernen.

Quitte

Quitten enthalten viel Vitamine, Mineralstoffe, vor allem Kieselsäure. **Entgiften** den Körper und können Allergien heilen. Quitten sind als Gelee, Marmelade oder auch als Saft genießbar, roh sind Quitten nicht bekömmlich. Die Kerne müssen beim

Einkochen nicht entfernt werden, denn die enthaltene Blausäure zerfällt beim Kochen (siehe Bohnen).

Pflaume
Enthält Niacin, Kalium und Magnesium. Hildegard von Bingen zählte Pflaumen zu den „Küchengiften", manche Menschen vertragen sie wirklich schlecht.

Stachelbeere
Stärken das **Immunsystem**. Die Inhaltsstoffe: Vitamin C, Folsäure, Kalium, Magnesiumsium, Eisen und Phosphor.

Trockenobst
Sehr zu empfehlen sind getrocknete Apfelscheiben, Birnen, Aprikosen, Rosinen und Feigen, sie enthalten viel Kalium, auch etwas Eisen und Vitamin C. Sind ein gesundes Naschwerk für Kinder und eine Alternative zu den Gummibärchen, die verschiedene Farbstoffe und Zucker enthalten. **Gummibärchen** können Kinder müde machen. Apfelscheiben kann man sehr gut selbst trocknen (auch Kinder machen das gerne.).
Getrocknete Feigen sind beispielsweise sehr basisch, Apfelscheiben leicht basisch.

Tropenobst wie Ananas - Avocado - Mango - Papaya
Nachdem diese tropischen Früchte ebenfalls in den Biogeschäften angeboten werden, vor allem Avocado, gehe ich auf die wichtigsten Inhaltsstoffe ein.
Avocado wird von vielen Menschen als Butterersatz verwendet, hat einen sehr hohen Vitamin E Gehalt, außerdem Vitamin B und K. Bemerkenswert ist auch der hohe Gehalt an Kalium, auch Magnesium. Die Frucht enthält vor allem das **Glückshormon** Serotonin, weshalb sie sehr geschätzt wird. Doch der Botenstoff Serotonin (der Stoff wird im Gehirn aus Tryptophan gebildet) ist in den meisten reifen Früchten, im Dinkel und Roggen, Sesam, Hafer, Sojabohnen, Hülsenfrüchte, grüne Bohnen, Schokolade, Erdnüssen und in Sonnenblumenkernen enthalten. Auch einige Käsesorten (Brie, Camenbert, Edamer) und Eier enthalten Serotonin.
Ananas: enthält hauptsächlich Vitamin C, E, A und B, Enzyme, Mineralstoffe und Spurenelemente.
Mango enthält vorwiegend Beta-Carotin, Vitamin C, E, B 8B1 und Folsäure), Kalium, Magnesium und Kalzium.

Diese drei Früchte werden von umweltbewussten Menschen auf Grund der langen Transportwege meistens abgelehnt. Aber sie sind Enzymlieferanten, stärken **Augen** und das **Immunsystem, entwässern** und **entschlacken**.

Papaya enthält Enzyme, Mineralstoffe, Vitamin C, E A und B. Diese Frucht kommt vereinzelt auch in Südeuropa vor.

Walnuss

Diese Frucht ist reich an Zink, Selen, Kalium, Magnesium, Phosphor, Schwefel, Eisen, Kalzium und an Vitamin C, B1, B2, B3, A und Pantothensäure.

Der Genuss von Walnüssen kann die Elastizität der **Blutgefäße** etwas verbessern, den Blutdruck senken und die **Nerven** stärken.

Weintraube

Weintrauben enthalten Vitamin C, P, Folsäure, Biotin, Kalium, Kalzium, Phosphor und Eisen.

Trauben kurbeln unser **Herz-Kreislauf-System** an, schützen die **Blutgefäße**, verbessern die Blutzirkulation, stärken das **Immunsystem** und **entschlacken**. Eine dreiwöchige Traubenkur reinigt die **Leber**, aber bitte unter fachlicher Anleitung durchführen (Beratung und Saft in Apotheken erhältlich).

Zitrone

Enthält vor allem viel Vitamin C und in sehr geringen Mengen Vitamin E, Folsäure, Kalium, Kalzium, Phosphor, Eisen und Magnesium. Die Zitrone ist eine besonders wertvolle Frucht und man müsste hier genauso wie beim Olivenöl eher fragen: Wobei hilft sie nicht? Einige Beispiele: Diese Frucht hilft hervorragend der Verdauung von tierischem Eiweiß und Fett, bei **Erkältungen**, **Entzündungen** im Mund- und Rachenraum, bei **Arterienverkalkung**.

Bei schlechtem **Haarwuchs** massieren Sie nach einer Haarwäsche die Kopfhaut sanft mit Zitronensaft ein paar Minuten, danach nachspülen.

Zitronensaft soll gemeinsam mit Olivenöl **Gallensteine** auflösen (Mischung: den Saft einer Zitrone und ein Esslöffel Olivenöl am Abend einnehmen).

Manche Südländer zerteilen eine frische Zitrone und essen sie pur.

Sehr zu empfehlen ist für die Winterszeit, um das Abwehrsystem zu steigern, dass Sie eine Zitronenmarmelade zubereiten, die Sie mit Honig oder mit Stevia (siehe bei Stevia) süßen.

Kräuter, Gewürze und Würzmittel

Frische Kräuter

Kräuter und Gewürze sind absolute Heilmittel, außerdem geschmackvoll und oft die Krönung unserer Speisen. Wer kann, der soll sich einen eigenen Kräutergarten anlegen oder Kräuter sammeln gehen, aber wenn Sie sich nicht auskennen, dann bitte machen Sie vorher einen Kräuterkurs, der Sie in alle Geheimnisse einführt. Ich besuchte einen Kräuterkurs im Salzkammergut (Österreich), der war sehr informativ und gleichzeitig lustig und erholsam.

Welche Kräuter und Gewürze Sie für die verschiedenen Speisen nehmen sollen, kann ich nicht angeben, denn die Geschmäcker sind unterschiedlich und von Kulturkreis zu Kulturkreis sehr verschieden.

Beispiel Ingwer: ob frisch oder gemahlen, kann man für alle Speisen nehmen, auch für Süßspeisen.

Oder Zimt, nur ein Hauch davon kann viele Soßen und Suppen oder Fruchtsäfte geschmacklich verfeinern und ist ebenfalls sehr gesund.

In diesem Buch gehe ich nur auf die wichtigsten Kräuter ein, und Sie sollten selbst herausfinden, was Sie mögen, was nicht, und was Sie für Ihren Körper brauchen.

Es gibt viele gute Kräuterbücher, aber an die erste Stelle möchte ich unbedingt unseren europäischen „Kräuterpapst" Maurice Mességueé reihen. Zwei seiner bekanntesten Bücher sind:

„Die Natur hat immer Recht (C'est la nature qui a raison)" und
„Das Mességueé-Heilkräuter-Lexikon (Mon herbier de sante)"

Der französische Phytotherapeut behandelte unzählige Menschen, zu den berühmtesten zählen sicher Winston Churchill und Bundeskanzler Konrad Adenauer. Besonders hervorheben möchte ich aber, dass der bekannte Pflanzenheilkundler Mességueé seit vielen Jahrzehnten ein aktiver Umweltschützer und Verfechter der biologischen Ernährung war. Er verstarb mit 96 Jahren im Juni 1917.

Bärlauch stärkt ihr Immunsystem. Siehe bei Knoblauch.
Basilikum stärkt die Verdauungsorgane und ist appetitanregend.
Borretsch oder Gurkenkraut kann bei Herzschwäche und Melancholie helfen.
Chilischote, siehe bei Gemüse unter Chili.
Dillkraut wirkt entkrampfend und hilft bei Blähungen.
Dinkelgras hat alle lebenswichtigen Vitamine, Mineralien und Spurenelemente.

Estragon kann bei Appetitlosigkeit helfen und hilft bei der Verdauung von schweren Speisen.

Fenchel und Dill wirken verdauungsfördernd und harntreibend.

Gänseblümchen ist harntreibend und fördert die Verdauung.

Ingwer ist ein wichtiges Heilmittel, verstärkt nicht nur den Geschmack anderer Gewürze, wirkt auch schleimlösend, erwärmt den Körper, kräftigt ihn und hilft wie Kurkuma bei der Alzheimer- und Krebsvorsorge sowie außerdem Magen- und Gelenksproblemen.

Kapuzinerkresse und Kresse schützen Sie vor Infekten der Harnwege und sind blutreinigend, wirken gut auf die Galle und Niere. Die Kapuzinerkresse hat eine antibiotische Wirkung, ganz besonders aber die Brunnenkresse.

Kerbel fördert den Stoffwechsel.

Koriander ist verdauungsfördernd, magen- und nervenstärkend, wirkt antibakteriell und entzündungshemmend. Siehe auch bei Koriander-Gewürz.

(Extrahiertes Korianderöl kann bei Lebensmittelvergiftungen helfen.)

Löwenzahnblätter sind harntreibend, gut für Leber und Galle, allgemein stärkend und hilfreich bei Husten und Bronchitis.

Lorbeer (getrocknet oder frisch), ein wunderbares Suppen- und Gemüsegewürz.

Liebstöckl oder Maggikraut ist schleimlösend und schweißtreibend. Sie kennen sicherlich alle das flüssige Maggi, aber in diesem chemischen Produkt ist kein Liebstöckl enthalten, obwohl es so schmeckt. In Bioläden gibt es Würzsoßen, in denen ein wenig Liebstöckl enthalten ist. Eine Alternative zu Maggi ist Sojasoße.

Majoran hilft bei Blähungen, Erkältungen und schützt die Bronchien.

Melisse unterstützt das „Nervenkostüm" und stimmt fröhlich.

Minze kann entzündungshemmend, krampf- und schleimlösend wirken.

Nelke wirkt keimtötend, antiseptisch, beruhigend und schmerzstillend.

Oregano hilft bei Verdauungsstörungen, verdünnt das Blut, ist ein Antibiotikum.

Petersilie regt die Nieren an, wirkt schleimlösend und enthält Selen.

Pfefferoni sind kleine Paprika, werden auch als Chili oder Peperoni bezeichnet. Wirkung siehe bei Chilipulver (Gewürze und Würzmittel).

Rosmarin stärkt Herz und Kreislauf und fördert die Durchblutung.

Salbei frische Blätter sind ein gutes Würzmittel bei Fischspeisen und helfen (gekaut) bei Mundgeruch. Salbeitee hat eine bakterien-, entzündungshemmende sowie zusammenziehende Wirkung.

Vor allem bei Entzündungen des Mund- und Rachenraumes ist das Gurgeln mit Salbeitee hervorragend. Heilpraktiker Bernd Hartmann: „Wenn der Tee kurz zieht, dann vermindert er die Schweißbildung, hingegen wenn man ihn lange ziehen lässt wirkt er schweißtreibend."

Schlüsselblume wirkt entkrampfend, seelenaufhellend und speziell schleimlösend.

Schnittlauch reinigt das Blut, enthält sehr viel Eisen, wirkt schleimlösend und harntreibend.

Sojasoße ist ein guter Maggiersatz und wesentlich gesünder, aber Vorsicht, achten Sie darauf, dass sie keine schädliche Benzoesäure (Haltbarmittel) enthält. Heilpraktiker Bernd Hartmann: „Diese Säure ist ein arger Enzymräuber."

Spitzwegerich ist, wie Pfarrer Kneipp schon wusste, ein sehr gutes Heilmittel bei Erkältung, für Bronchenprobleme, für die Stimme, als Antibiotikum, steigert die Abwehrkräfte und hilft bei Akne (in Apotheken erhältlich).

Die Blätter können Sie zur **Desinfektion** auf frische Wunden legen, oder bei einem Insektenstich zerkauen Sie ein Blatt und geben den Brei auf die Stichstelle, hilft hervorragend. Für die Küche: klein geschnitten ist es ein feines Gewürz für Salate, Suppen, Gemüse, Spinat oder für Kräutersoßen mit Butter und Ingwer.

Thymian hilft bei Erkrankungen der Atemwege, speziell bei Erkältung, Husten und Schnupfen.

Zinnkraut oder Acker-Schachtelhalm wird bei Blasen- und Nierenentzündungen empfohlen. Schwemmt den Nierengrieß heraus. Bitte nicht selbst sammeln, sie können es leicht mit dem giftigen Sumpf-Schachtelhalm verwechseln.

Die Kräuter können Sie frisch verwenden; trocknen; einfrieren oder in Essig oder Öl einlegen. Natürlich haben sie frisch genossen den feinsten Geschmack und die beste Heilwirkung. Wenn Sie in der kalten Jahreszeit Kräuter ziehen wollen, eignen sich dazu sehr gut: Kresse, Schnittlauch, Petersilie, Majoran, Spitzwegerich (ist sehr robust) und Dinkelgras. Die Samen etwas vorkeimen lassen, in einem Tontopf (nicht Plastik.) mit Bioerde einsetzen und auf ein Fensterbrett mit Morgensonne (oder Sonne) stellen. Oder Sie keimen gerne? Die Keime müssen Sie aber täglich reinigen (abspülen.), sonst sind sie giftig. Lassen Sie sich in einem guten Bioladen beraten. Viele Menschen bevorzugen daher die Topfpflanzen, weil sie die Keime nicht täglich reinigen wollen.

Und bitte, wenn Sie auswärts essen, nicht unbedingt Keime nehmen. Wer weiß schon, wie sie gepflegt wurden.? (Wenn sie einen bitteren Geschmack haben, dann ist etwas nicht in Ordnung.) Aber ob Keim- oder Blumentopf, bitte verwenden Sie kein Plastik. Es ist giftig und belastet unsere Umwelt.

Gemahlene oder getrocknete Gewürze, Samen

Anis wirkt schleimlösend und hilft bei Husten und Blähungen.

Curry ist ein Mischgewürz: Beispielsweise von Kurkuma, Koriander, Chili, Kreuz-kümmel, Senf, Pfeffer, Ingwer, Curryblätter und Zimt. Aber es gibt viele verschiede-ne Currymischungen, je nach Geschmack und Land. Welche Mischung auch immer Sie bevorzugen, es ist ein sehr bekömmliches Gewürz. (Das beste bei einer „Bosna" ist laut Umfrage: Zwiebel, Curry und Senf. Und es gibt schon BIO-„Bosna"!

Borretsch, siehe bei den Kräutern.

Cayennepfeffer: aus den getrockneten Chilis wird Cayennepfeffer gemahlen. Manchmal stammt der Pfeffer von der Chilisorte Cayenne. Heilwirkung siehe Chili.

Chia Samen: sind sehr reich an Omega-3-Fettsäuren (**für Immunsystem und Schmierstoff der Gelenke**), außerdem enthalten diese kleinen Körner Magnesium, Kalzium, Eisen, Phosphor, Kupfer, Mangan, Vitamin E, A, B1, B3, B 6 und B 8.

Diese Wunder-Samen (auch SUPERFOOD genannt) helfen bei Arthrose und Gelenksschmerzen, stärken Ihr Herz und haben auf den Darm eine ausgleichende Wirkung. Sättigen, entgiften den Körper, helfen bei Sodbrennen und sind glutenfrei. Wirken dem Krebs- und Demenzrisiko entgegen und senken Ihren Blutdruck. Gesundheitsbewusste Menschen haben meist ein Chia-Gel im Kühlschrank stehen: Dazu vermischen Sie ein Teil Samen und sechs Teile Wasser und stellen das Gefäß in den Kühlschrank, dort quellen die Samen (halten eine Woche).

Dieses wertvolle Gel können Sie Mixgetränken beifügen, ein Eis zubereiten oder in einer Suppe beifügen. Wenn Sie ein Eis zubereiten, dann rühren Sie die Samen in eine Milch hinein, fügen Zimt, Rosinen und etwas Honig dazu. Kalt stellen und dann mit gerührter Marmelade oder frischem Obst servieren. Lässt sich auch mit Joghurt gut vermischen. Dieses Gel wird auch gerne beim Backen als Bindemittel und als **Ersatz für Eier** verwendet, es hält im Kühlschrank eine Woche.

Wer **abnehmen** will, sollte dieses Gel häufig verwenden. Aber bitte Vorsicht, wenn Sie zu viel an Chia Samen einnehmen, können diese Nebenwirkungen verursachen. Auch wenn Sie ein Bluverdünnungsmittel einnehmen, sollten Sie ganz sparsam mit diesen Samen umgehen. Chia Samen sind mit dem Salbei verwandt.

Zum **Abnehmen**: Ohne Bewegung funktioniert keine Diät und kein Mittel.

Chilipulver enthält eine Reihe von wichtigen Vitaminen, hilft bei der Verdauung und soll bei Übergewicht und zur allgemeinen Entgiftung nützlich sein. Siehe unter „Chili" bei Gemüse.

Flohsamen, dieses geschmacksneutrale Würzmittel wird gerne für die Herstellung von Soßen, Senf, Mayonnaise, Ketchup und Backwaren verwendet.

Manche Menschen stellen herrliche Desserts her: sie streuen das Pulver in Fruchtcremen ein und lassen die Masse aufquellen, die Samen sind auch für Soßen sehr gut geeignet.

Galgant, Text der Firma JURA KG: „Der Galgant ist botanisch gesehen eng mit dem Ingwer verwandt. War ursprünglich in Thailand und Südkorea heimisch, wird heute im gesamten indonesischen Raum, in Japan, Ostindien, Mittelamerika und auf den Antillen kultiviert. Der ausdauernde, dicke, kriechende Wurzelstock treibt aufrechte, bis zu zwei Meter hohe Stengel mit weißen, duftenden Blüten, er enthält ätherisches Öl und Harze Galangol und Alpinol..." Hildegard von Bingen empfahl dieses Mittel bei Herzbeschwerden. Heilpraktiker Bernd Hartmann: „Galgant ist ein geniales Anti-Virusmittel, innerlich und äußerlich. Hildegards Empfehlung ihn als Herzmittel zu verwenden beruht meines Erachtens darauf, dass Viruserkrankungen im Körper Virus-Stoffwechselprodukte hinterlassen und zwar zum Teil speziell im Herzmuskel. Viele Herzbeschwerden entstehen nach Viruserkrankungen, aber das beachtet kaum jemand. Sie sollten 3 bis 5 x täglich eine Tablette schlucken oder lutschen. Innerlich eingenommen ist Galgant gleichzeitig auch eine sehr gute Vorsorge, wenn zum Beispiel wieder einmal der Noro-Virus (Magen- und Darminfektion, tückische Durchfallerkrankung) umgehen sollte. Äußerlich angewendet hilft Galgant auch gegen Gürtelrose und Warzen. Man gibt einfach zwei Tropfen Wasser auf eine Galgant-Tablette und vermischt diesen Brei mit Propolissalbe Hanosan: Und fertig ist ein zuverlässiges und einfaches Anti-Virusmittel."

Gewürznelken lindern Schmerzen und hemmen Entzündungen, können ebenso bakterielle Infekte verhindern, fördern die Verdauung und wirken beruhigend.

Ingwer, das Pulver hat dieselbe Heilwirkung wie die Wurzel.

Kalmus, auch Magenwurz genannt. Hilft bei Appetitlosigkeit, Magen- und Darmproblemen (Krämpfe), Blähungen und Verstopfung. Die Kalmuswurzel soll bei der Raucher-Entwöhnung helfen (kleine Stücke kauen).

Koriander hilft bei Magenkrämpfen, Durchfall und bei der Milchbildung.

Koriander, Kreuzkümmel und Muskat sind ein bewährtes Mittel gegen Gelenkschmerzen.

Kreuzkümmel regt ebenfalls die Milchbildung an und hilft bei Gelenkschmerzen, bei Blähungen und Darmkoliken sowie bei Fieber, Frauenbeschwerden, Leber- und Magenschwäche.

Kümmel ist milchbildend, wirkt gegen Blähungen und bei Magenkrämpfen. *Kümmel, Kreuzkümmel* und *Schwarzkümmel* sind unterschiedliche Gewürze.

Kurkuma (Gelbwurz) ist ein sehr gutes Heilmittel, auch indischer Safran genannt, ist bekannt als Bestandteil von Curry, doch Kurkuma ist vor allem ein hervorragendes Naturheilmittel. Der gelborange Farbstoff Curcumin wirkt sehr intensiv, daher verwendet man ihn in Indien generell zum Färben, auch zum Färben der schönen Mönchsgewänder. Doch vor allem ist gerade in den letzten Jahren der Inhaltsstoff Curcumin weltweit in der Krebs- und Alzheimerforschung dominierend in den Mittelpunkt gerückt: Wissenschafter empfehlen den Patienten: dreimal täglich einen Teelöffel des gelben Pulvers in eine Tasse einzurühren, die mit warmer Sojamilch gefüllt ist (Milch nicht kochen, nur leicht erwärmen). Es kann auch Reis- oder Hafermilch verwendet werden, aber keine Kuhmilch, dadurch kann die Heilwirkung verloren gehen. Sie können dem Getränk auch einen Teelöffel Honig oder ein wenig Stevia beifügen. (Es gibt auch Kurkuma-Kapseln.)

Diese Forschungen sind aber noch lange nicht beendet und beruhen nur teilweise auf Erfolge, doch bewährt hat sich die Heilpflanze schon Jahrhunderte bei Erkrankungen von Galle, Leber und chronischen Entzündungen: Sie regt den Appetit und das Verdauungs- sowie das Atmungssystem an. Hilft bei Hautkrankheiten, Rheuma, Arthrose, Kreislaufproblemen, Gebärmuttererkrankungen (auch bei starken Blutungen.), Hepatitis, stärkt die Gelenke und schützt die Arterien vor schädlichen Fettablagerungen, ist somit ebenso ein gutes Vorsorgemittel für Herzinfarkt und Schlaganfall. Wird von Medizinern auch bei Lebenskrisen und seelischen Störungen eingesetzt, beispielsweise auch bei posttraumatischen Belastungsstörungen (PTBS). Kurkuma wird aber nicht von allen Menschen vertragen.

Leinsamen; geschroteter Leinsamen saugt im Darm Krankheitskeime auf und sorgt für einen regelmäßigen Stuhlgang.

Muskatnuss wirkt beruhigend anregend, antibakteriell, krampflösend, bei Leber- und Gallenschwäche, hilft bei Schlaflosigkeit, „Kater", Rheuma, Gelenkschmerzen, Durchfall, Gicht, Herz- und Gedächtnisschwäche.

Paprika hilft bei Gelenkentzündungen, Rheuma und Verdauungsschwäche.

Pfeffer regt ebenso die Verdauung an, gleichgültig ob er schwarz, rot, weiß oder grün ist. Aber Vorsicht bei Pfeffer, er kann die Blutbahnen verstopfen.

Piment wirkt ebenfalls auf die Verdauung und verleiht Getreidegerichten ein feines Aroma.

Safran ist ein sehr kostbares Gewürz, aus 100 Blüten gewinnt man ein Gramm Safran. Hilft bei Gelbsucht, Keuchhusten und Krämpfen. Macht alle Speisen leicht verdaulich. Wirkt außerdem beruhigend und gleichzeitig auch schlaffördernd.

Schwarzkümmel hilft bei Erkältungen, Husten, Allergien, entzündliche Darmerkrankungen, stärkt die Nerven, die Atemwege, den Magen, den Darm, die Nieren, die Leber und das Immunsystem. Hilft bei der Krebsbehandlung, bei zu hohem Blutdruck und stärkt das Herz. Kreuzkümmel ist scharf wie Pfeffer. Das Schwarzkümmelöl ist sehr hilfreich bei Neurodermitis und Ekzeme.

Sesam hilft bei Verstopfung.

Senf regt den Speichelfluss und die Magensaftproduktion an und ist für den Darm sehr gesund. Es gibt über 50 Senfsorten, finden Sie am besten selbst heraus, welcher Geschmack für Sie der richtige ist. Am besten Sie bereiten ihn selbst zu: Mit Senfkörnern (gemahlen), Salz, Wasser, Stevia (Zuckerersatz, siehe unter „Stevia") und Wein- oder Apfelessig.

Sonnenblumenkerne haben einen guten nussigen Geschmack und werden für viele Backwaren verwendet. Die Kerne sind nicht nur reich an ungesättigten Fettsäuren, das daraus gewonnene Bio-Speiseöl ist sehr gesund. Die kleinen Kerne sind auch zum Naschen gesund: Sie beinhalten Vitamin A, B, D, E und K und enthalten außerdem Kalzium, Magnesium, Eisen und Selen. In einer Pfanne - ohne Fett - ganz leicht anrösten, dann schmecken sie wunderbar.

Sternanis wirkt antibakteriell, schleimlösend, harntreibend, stärkt den Magen, bekämpft Blähungen, Darmkrämpfe und Mundgeruch. Hilft außerdem bei Bronchitis, Mandelentzündung, Hexenschuss, Ischias, Nervenschmerzen und stärkt allgemein die Abwehrkräfte.

Vanille ist auch als Pulver - ohne Zucker - erhältlich. Der Duft und der Genuss von Vanille beruhigt die Nerven und ist stimmungsaufhellend. Angeblich bekommen Schwangere, wenn sie oft Vanilleeis essen keine Probleme mit der Übelkeit.

Wacholder wirkt stark wassertreibend und hilft bei Rheuma, aber Vorsicht bei Nierenproblemen.

Würzmittel für Suppen und Soßen: Verzichten Sie bitte auf aromatisches Streupulver und Würfel, in fast allen ist das sehr schädliche Natriumglutamat (Geschmacksverstärker) enthalten. Auch Bioprodukte enthalten es teilweise, also Vorsicht.

Frische Kräuter oder im Winter getrocknete Kräuter und ein gesundes Salz sind besser. Beispiel einer einfachen guten Trocken-Kräutermischung: Kümmelpulver,

Petersilie, Selleriepulver (oder kleine Stücke), Kurkuma, Ingwer und etwas Galgant (nach Geschmack und Bedürfnis zusammenstellen).

Zimt, bei den Römern galt Zimt als Allheilmittel, er beseitigt Blähungen und wirkt entzündungshemmend, hilft bei Darminfektionen und verbessert den Blutkreislauf. Zimtextrakte helfen bei Diabetes, aber es wird immer noch geforscht, welche Rolle das Gewürz bei dieser Krankheit wirklich spielt.

Schon seit Jahrtausenden wird Zimt als Stimmungsaufheller sowie gegen Wut und Zorn eingenommen. Das Zimtöl (Einreibung) ist sehr wirksam bei Rheuma, Muskelkater und Kreuzschmerzen.

Würzmittel

Honig ist nicht nur ein Würz- und Genussmittel, Honig ist ein hervorragendes Heilmittel. Hilft bei Erkältungen: fünfmal täglich einen Teelöffel einnehmen. Oder auf kleinere Verletzungen streichen, heilt schnell: er enthält Kupfer, Eisen, Kieselerde, Kalium, Kalzium, Phosphor, Magnesium und sehr viel Vitamin C.

Auch Gluconsäure, Wasserstoffperoxid, Flavonoide, Acetylcholin und Inhibine. Wasserstoffperoxid schädigt den Stoffwechsel der Krankheitserreger. Flavonoide im Honig helfen gegen Viren und werden in der Krebsforschung verwendet. Der Wirkstoff Acetylcholin wirkt sich sehr gut auf die Herztätigkeit aus: Vermindert die Herzschlagzahl, erweitert verengte Herzkranzgefäße und hat außerdem eine blutdrucksenkende und herzschützende Wirkung. Kaufen Sie nur einheimischen und biologischen Honig aus der Nahversorgung.

Am Arbeitsplatz sollten Sie immer ein Glas Honig zur Hand haben: bevor Sie total erschöpft zusammenbrechen nehmen Sie einen Teelöffel davon. Aber auch, dass Sie sich in Grippezeiten schützen können.

Wenn Sie Honig aus gesundheitlichen Gründen nicht nehmen dürfen, erkundigen Sie sich über die vielen Bienenprodukte wie Gelee Royal, Blütenpollen und Propolis. Durch seinen hohen Gehalt an Kalium wirkt Honig dem Verlangen nach Alkohol entgegen und fördert aber auch den Ernüchterungsprozess.

„Da die Biene den Honig schon verdaut hat, braucht dieser Zucker vom menschlichen Magen nicht mehr verdaut werden und wird sofort vom Körper verarbeitet. Zwanzig Minuten nachdem man ihn gegessen hat ist er bereits ins Blut übergegangen (aus dem Buch: „5 x 20 Jahre leben" von Dr. D. C. Jarvis, Hallwag Verlag)".

Wenn Kinder sehr gestresst sind oder zuviel Fernsehen, geben Sie vor dem Schlafengehen und vor dem Zähneputzen einen Löffel Honig. Hilft manchmal auch bei Bettnässern, aber das Kind darf am Abend keine Getränke oder Suppen zu sich nehmen.

Honig wirkt am besten, wenn Sie einen Löffel davon einnehmen und langsam auf der Zunge zergehen lassen. Wenn Sie Honigmilch lieben, dann bitte verwenden Sie keine Kuhmilch: Milch von Soja, Hafer, Dinkel oder Reis ist gesünder, auch Ziegen- und Schafmilch. Mit Kuhmilch kann Honig die Heilwirkung verlieren.

Kastanienhonig (Edelkastanie) hilft beispielsweise sehr gut bei Bronchitis und bei Komplikationen mit der Leber.

Heilpraktiker Bernd Hartmann: „Honig unbedingt beim Biobauern kaufen, der kein Antibiotikum verwendet und seine Obstbäume und Wiesen natürlich behandelt.“

Zucker – es geht auch ohne. Zum Süßen wie Verfeinern von Soßen, Suppen und dergleichen verwende ich Honig (Blütenhonig hat kaum einen Beigeschmack) oder Stevia (siehe nächster Beitrag).

Nur ein Hauch von Stevia (das grüne oder weiße Pulver) in die Suppen oder Soßen streuen, schmeckt wunderbar und ist im Gegensatz zu Zucker sehr gesund.

Außerdem kann man mit Rosinen sehr gut süßen. Also Sie können auf Zucker total verzichten. Zucker schadet der Gesundheit.

Ebenso kann man Bio-Rohrzucker, Milchzucker oder Fruchtzucker verwenden, sie sind aber keine Heilmittel. Entgegen Honig und Stevia unterstützen gleichzeitig unsere Gesundheit. Manche nehmen Erdmandelflocken (die Erdmandel ist gluten- und lactosefrei und für Diabetiker geeignet.) zum Süßen, die gleichzeitig auch das Hungergefühl nehmen können und als Krebsvorsorgemittel gelten.

Immer wieder liest man, dass Honig auf keinen Fall über 40 Grad erhitzt werden soll, weil die Vitamine und Mineralien dabei verloren gehen und Honig dadurch wertlos wird.

Heilpraktiker Bernd Hartmann dazu: „Stimmt nicht, Vitamine und Mineralstoffe bleiben erhalten, es gehen aber ungefähr zwei bis drei Prozent an Enzymen verloren. Honig aus dem Ausland wurde auf 70 Grad erhitzt, damit eventuelle Bakterien abgetötet werden konnten.“

Diese Tatsache ist ein wunderbares Beispiel, wie wichtig es sein kann, dass Sie zur bewährten Nahversorgung greifen.

Zuckersüße Stevia – ein Heilmittel. *Stevia (rebaudiana Bertoni) ist kalorienfrei, erzeugt kein Karies, beeinflusst den Insulinspiegel nicht und die Pflanze wird schon seit Jahrhunderten wegen ihrer starken Süßkraft zum Süßen von Speisen verwendet, vor allem in Südamerika, in der Heimat der Pflanze. Endlich (seit 2011) ist Stevia auch in Deutschland und Österreich als Lebensmittelzusatz zugelassen, in der Schweiz schon seit 2008.*

In Japan ist dieses wunderbare Süßmittel seit 40 Jahren auf dem Markt und wird bei vielen Produkten verwendet. Ebenso in den USA wird Stevia seit Jahrzehnten als diätetisches Lebensmittel verwendet, findet aber bei der Masse keine Anerkennung, nur gesundheitsbewusste Menschen greifen zu diesem Zuckerersatz. Dürfte vor allem daran liegen, dass keine Reklame dafür gemacht wird.

Die Stevia-Pflanze wird nun in Mitteleuropa verschiedentlich in Baumärkten angeboten und ist zum Süßen verschiedener Speisen genial (zu verwenden wie Petersilie, aber ganz wenig.) Stevia, auch Süßkraut, Süßblatt oder Honigkraut genannt, ist eine Pflanzenart aus der Gattung der Stevien in der Familie der Korbblütler (Asteraceae). Steviosid, der in der Pflanze enthaltene Süßstoff, ist bis zu 300 mal süßer als unser Zucker.

Experten erforschten, dass es etwa 200 Stevia-Arten in Nord- und Südamerika gibt, aber nur Stevia rebaudiana beinhaltet diese charakteristische Süße, die als Zuckerersatz verwendet werden kann. Das Anbaugebiet, die Sonneneinstrahlung und ob biologisch oder nicht und wie selenhaltig die Erde ist, dies alles bestimmt den Süßstoffgehalt. Aber nicht nur als Pflanze wird Stevia angeboten, ebenso in grüner Pulverform (Produkt der getrockneten Blätter), außerdem flüssig und feinweißkörnig.

Zum Einstieg empfehle ich Ihnen unbedingt nur das weiße Pulver zu verwenden. Es gibt auch kleine Behälter (leider aus Plastik), die Steviatabletten beinhalten, nach dem Beispiel des ungesunden Süßstoffes. Man kann diese Tabletten sehr gut für unterwegs verwenden. Die Menge muss jeder für sich selbst herausfinden, anfangs habe ich beispielsweise immer zu viel verwendet, die Speisen können dann etwas bitter werden, aber zum Trost, Stevia ist nicht ungesund. Also Geduld, manchmal genügt ein winziger Hauch von einer kleinen Prise.

Stevia enthält Vitamin A und C, Zink, Selen, Proteine, Kohlenhydrate, verschiedene ätherische Öle, Tannine, Rutin, Bitterstoffe, Flavanoide, Phytosterine, Kalzium, Kalium, Magnesium, Eisen, Phosphor und Mangan.

Stevia kann die Haut straffen und reinigen, hat außerdem eine pilz- und bakterien-

hemmende Wirkung, hilft bei Zahnfleischbluten, Bluthochdruck, Gicht, Herzschwäche, Infektionen, Sodbrennen und Übergewicht. Vor allem, wie schon erwähnt, auch bei Karies und Diabetes und soll die Naschsucht mindern. Dieses süße Kraut ist jedenfalls im Gegensatz zu Zucker eine Naturmedizin.

Kann man nur hoffen, dass diese uralte Indianerpflanze so rasch wie möglich in den weltweiten Lebensmittelmärkten zu Normalpreisen aufgenommen wird. War anfangs die Zuckerbranche aus Gründen des Wettbewerbes sehr dagegen, zeigen sich hier auch schon gute Ansätze zum Umdenken. Es gibt ebenfalls sehr gute Bücher über diesen enorm gesunden Zuckerersatz. Ein Taschenbuch-Beispiel: „Stevia. Sündhaft süß und urgesund: Eine Alternative zu Zucker und Süßstoffen. Das süße Kraut für Genießer und Gesundheitsbewusste. Mit Erfahrungsberichten und vielen Rezepten. Autorin: Barbara Simonsohn".

Der Sachverständige und Diplom-Chemiker Friedrich Reuss schreibt in seinem Gutachten über Stevia: „Gerüchte über ein angebliches Krebsrisiko bei Verwendung von Stevia entbehren jeder wissenschaftlichen Grundlage. Aufgrund des antioxidativen Inhaltsstoffes kann man davon ausgehen, dass Stevia-Tee sogar eine krebsschützende Wirkung aufweist."

Mit Stevia, der pflanzlichen Süße ohne Kalorien, könnten unzählige Kinder und Jugendliche ihren Problemen mit dem Gewicht und der Haut entgegenwirken. Außerdem ist die zuckersüße Stevia auch für Diabetiker geeignet.

Es gibt schon lange Schweizer Schokolade und Kekse, die mit Stevia gesüßt sind und auch ein Ketchup: von FELIX.

Salz - zu viel ist ungesund. Sie sollten täglich nicht mehr als sechs Gramm zu sich nehmen, aber generell ist das herkömmliche Tafelsalz oder Kochsalz, wie wir es in den Geschäften billig bekommen, eine Bedrohung für unsere Gesundheit und müsste schon längst – wie so viele andere Produkte auch – vom Markt genommen werden. Mit der Qualität des ursprünglichen natürlichen Steinsalzes hat dieses Produkt nichts mehr zu tun. Dem raffinierten Kochsalz werden zur Rieselfähigkeit verschiedene chemische Stoffe beigefügt, die nicht gesund sind. Außerdem wird die Anreicherung mit anorganischem Jod von vielen Experten aus gesundheitlichen Gründen abgelehnt.

Im Natursalz ist noch ursprüngliche Energie gespeichert, denn es ist beim Austrocknen der Urmeere entstanden und daher 250 bis 500 Millionen Jahre alt. Damals gab es noch keine Umweltverschmutzung. Manche Menschen weisen immer wieder auf den geringen Jodgehalt des Natursalzes hin, das stimmt gar nicht. Andere wieder sollten aus gesundheitlichen Gründen auf Jod total verzichten. Oder: manche Menschen trinken unkontrolliert selbst hergestellte Sole. Das sind Themen für eine gute Naturheilpraxis: denn bei Salz werden durch Selbstmedikation unzählige Fehler gemacht.

Alle natürlichen Ursteinsalze sind basisch und helfen sogar das Körperwasser zu entsäuern und somit das Säure-Basen-Gleichgewicht zu halten, aber nur, wenn Sie allgemein eine ausgewogene Kost zu sich nehmen und nicht zusätzlich einen großen Stress oder Ärger haben, der Sie sauer macht. Salz allein hilft beim Entsäuern nicht.

Das Natursteinsalz oder auch Ursteinsalz genannt ist außerdem gesund für das vegetative Nervensystem, es hebt die Stimmung und hilft manchmal bei Depressionen. Solebäder schaffen Linderung bei Erkrankungen der Atemwege, der Haut und bei der Hautdurchblutung. Bei Ohnmachtsanfällen kann das Salz als Erste Hilfe dienen, indem Sie eine Prise auf die Zunge streuen.

Das bekannteste Natursteinsalz ist wohl das rosarote Himalayasalz, aber es gibt davon genug in unserer Umgebung: Deutschland, Frankreich, Österreich, Schweiz, Polen...

Manchen älteren Menschen wird von Ärzten empfohlen, dass sie aus gesundheitlichen Gründen völlig salzfrei leben sollen. Wenn diese Ärzte das schädliche Tafelsalz meinen, dann haben sie vollkommen recht.

Ein vierzigjähriger Mann ging zur Gesundenuntersuchung, weil er oft so müde war. Unter anderem stellte sich heraus, dass der Mann geradezu immer einen großen **„Salzhunger"** hat. Die Ärztin teilte ihm trocken mit: „Gewöhnen Sie sich das ab, denn zu viel Salzgenuss verkürzt das Leben." Ergebnis dieser Untersuchung: ein verzweifelter junger Mann.

Die Untersuchungs-Ärztin hatte natürlich verständlicherweise keine Zeit sich darüber Gedanken zu machen, warum ihr Patient so enormen Heißhunger auf Salz hat, denn das Wartezimmer war voll.

Doch Freunde schickten den Verzweifelten in eine Heilpraxis, dort wurde er aufgeklärt: Nämlich, dass er auf Salz nicht verzichten muss, aber auf Natursalz umsteigen soll. Zusätzlich wurde ihm das Schüßler-Salz Nummer 8 (Natrium Chloratum) und Nummer 1 (Kalziumfluorid) empfohlen, das Natursalz und das Schüßler stillten seinen Heißhunger und er fühlte sich gesund.

Heilpraktiker Bernd Hartmann: „Bei starkem Schwitzen kann sehr leicht ein **Salzverlust** vorkommen, der das Befinden beeinträchtigt und eventuell Salzhunger verursacht."

Getreide

Getreide versorgt und kräftig den Körper besser als Fleisch. Siehe kleine Getreidekunde auf den folgenden Seiten.

Dinkel

Dinkel ist das Superkorn für Allergiker, Diabetiker, Neurodermitiker, Krebskranke und wirkt vorbeugend bei Übersäuerung, da Dinkel sich auf unseren Körper leicht basisch auswirkt.

Dinkel ist das einzige Getreide, welches keine Umweltgifte aufnimmt und auch keinen Dünger benötigt.

Der Halm des Getreides hat einige Katalysatoren, wodurch die Gifte des Bodens abgesondert werden. Das Korn selbst ist mit einem glasigen Überzug ausgestattet, der ebenfalls keine Gifte aus der Luft durchlässt. Das Dinkelkorn ist fest mit den Spelzen verwachsen und dadurch gut geschützt.

Dinkel ist das einzige Nahrungsmittel, welches wir auch nach Atomunfällen, wie nach Tschernobyl oder Fukushima unbedenklich verwenden könnten, ohne dabei gesundheitlichen Schaden zu erleiden.

Die Heilkundige Hildegard von Bingen sagte: „Dinkel ist das beste Korn, es macht seinem Esser rechtes Fleisch und rechtes Blut, frohen Sinn und freudig menschliches Denken."

Dinkel, der bei vielen Gesundheitsexperten die Nummer EINS auf dem Ernährungsplan einnimmt, hat einen hohen Gehalt an Kieselsäure, wirkt sich positiv auf unser Denkvermögen und die Konzentration sowie der Gesundheit von Haut und Haaren aus.

Dinkel beinhaltet über 60 Prozent Kohlenhydrate, 2,7 Prozent Fett, 8,8 Prozent Ballaststoffe und 12 Prozent Eiweiß, das in Spuren alle essenziellen Aminosäuren enthält.

Weitere Inhaltsstoffe sind: Kalium, Natrium, Kalzium, Magnesium, Selen, Phosphor, Eisen, Fluor sowie Vitamin E und B (1, 2, 3, 6), vor allem auch vitale Wuchs- und Zellernährungsstoffe.

Dinkel ist mit dem Weichweizen verwandt und aus den Urweizenarten Einkorn und Emmer hervorgegangen.

Grünkern ist das halbreif geerntete und künstlich getrocknete Korn des Dinkels, wird aber von einigen Menschen schlecht vertragen. Grünkernfrikadellen sind aber besonders köstlich, da lassen Sie jede Fleischfrikadelle stehen.

Einkorn und Zweikorn

ist die älteste und nährstoffreichste Getreideart, die Inhaltsstoffe sind ähnlich wie beim Dinkel. Wissenschafter sagen, dass das Einkorn aufgrund der Inhaltsstoffe ein besonderes Potenzial in der Erhaltung der Sehkraft, der Stärkung des Immunsystems und der Krebsvorbeugung hat.

Manche Feinschmecker sagen, dass Einkorn durch seinen leicht nussigen Geschmack und der bestechenden gelblichen Färbung das feinste Getreide ist, das in Europa angebaut wird. Durch die geringen Erträge, die man beim Anbau erzielt, ist es aber ziemlich teuer, so bervorzugen die meisten Menschen Dinkel.

Emmer, auch Zweikorn genannt, ist eine Weizenart und zählt wie Einkorn zu den ältesten kultivierten Getreidearten.

Gerste

Gerste ist fettarm und besitzt neben Eiweiß und Mineralstoffen einen hohen Anteil von Selen, außerdem Kalzium, Eisen und Phosphor, viele Vitamine, auch besonders viel Kieselsäure. Gerste hat auf den Organismus eine entgiftende Wirkung und Gerstenflocken sind besonders als Krankenkost zu empfehlen.

Hafer

Hafer enthält Kalzium, Natrium, Eisen, Mangan, Silizium, Zink, Kupfer, Phosphor, Selen und Magnesium, Kalium, alle B-Vitamine (sehr hoher Anteil an Vitamin B1) und reichlich Vitamin E.

Sie sollten täglich etwas Hafer zu sich nehmen. Enthält außerdem 66 Prozent wertvolle Kohlenhydrate (die als Stärke vorliegen und dadurch den Körper nicht belasten), 13 Prozent Eiweiß, 10 Prozent hochwertige Fette und Aminosäuren.

Die Geschichte des Hafers geht zurück in die Bronzezeit, Hafer ist außerdem das europäische Urgetreide, aber mit der Zunahme der Industrienahrungsmittel wurde er immer mehr in den Hintergrund gedrängt.

Heute ist Hafer vor allem bei ernährungsbewussten Menschen (auch Sportlern) wieder sehr beliebt geworden. Ein erlaubtes Dopingmittel.

Die Flocken sollten frisch gepresst sein, das funktioniert mit einer Flockenpresse, aber auch mit manchen Getreidemühlen.

Angeblich soll man die Haferflocken nicht mit Milch kochen, da sie die heilende Wirkung verlieren. Ich verwende Wasser. Hafer und Haferflocken sind (je nach Bodenbeschaffenheit.) leicht basisch. Ein saurer Boden liefert keine gute Ware.

Bio-Hafer heilt, entgiftet und entwässert den Körper. Hilft auch bei Erschöpfung, sowie Infektionskrankheiten und sorgt gemeinsam mit geschrotetem Leinsamen, (Leinsamen aber nicht vorher einweichen, denn er soll erst im Darm aufquellen.) für eine gute Verdauung, Darmentgiftung (Vorbeugungsmittel bei Darmkrebs), ist ein hervorragendes Nervenmittel, kräftigt die Knochensubstanz, unterstützt die Arbeit der Leber und der Bauchspeicheldrüse. Außerdem senkt Hafer den Blutdruck oder steigert ihn, je nachdem worunter sie leiden und dieses Getreide ist hervorragend für Diabetiker. Er wirkt nervenstärkend, belebend und kräftigt den gesamten Körper.

Viele Überlieferungen der Heilung durch Hafer stammen von Kräuterpfarrer Kneipp.

Ein Gesundheitstipp: Sehr geschätzt wird ebenso das Mittel AVENA sativa D 12, Tropfen, die aus Hafer hergestellt werden und sehr gut bei Erschöpfung helfen: dreimal täglich je fünf Tropfen. Bei Schlaflosigkeit sollten Sie diese Tropfen drei Stunden vor der Bettruhe einnehmen: 15 Tropfen.

Kamut

ist ein unverfälschter Weizen und ein uralter Verwandter des heutigen Hartweizens, er stammt aus Ägypten.

Der übergezüchtete, herkömmliche Weizen erreicht oft nur durch massiven Einsatz von Agrarchemie den für die Brotzubereitung notwendigen Eiweißgehalt. Werden diese Sorten nun biologisch angebaut, sinkt der Eiweißgehalt, und eine normale Brotzubereitung wird schwierig.

Kamut ist dagegen ein altes, züchterisch nicht manipuliertes Getreide mit einem natürlich hohen Eiweißgehalt, das Jahrtausende allein aufgrund seiner Robustheit und Anspruchslosigkeit überlebte.

Wie bei Dinkel gedeiht auch Kamut ohne Dünger und wird ebenso ausschließlich nach den Richtlinien des kontrolliert biologischen Landbaus angebaut. Kamut enthält nicht nur bedeutend mehr Eiweiß als Weizen, ist auch reicher an Aminosäuren, Vitaminen und Mineralstoffen (ähnlich dem Dinkel).

Hervorzuheben ist der hohe Anteil an Selen. Kamut ist der Weizen für alle Allergiker (wie Dinkel auch), senkt außerdem den Cholesterinspiegel, ist ein empfohlenes Nahrungsmittel für Übergewichtige sowie für Menschen, die an Arterienverkalkung leiden.

Roggen

Roggen, vor allem der Ur-Roggen ist wieder sehr beliebt und geschätzt. Er macht schlank und ist auch ein Krebsschutzmittel. Roggen hat unter den Getreidesorten den geringsten Fettgehalt und weist einen sehr hohen Kalium- und Vitamin-E-Gehalt auf, enthält auch viel Vitamin B 3 und B 5.

Mais

Wird in Mitteleuropa hauptsächlich als Futtermittel gehandelt und einige Ernährungswissenschafter betonten in den letzten Jahrzehnten immer wieder: „Mais sei für Menschen nicht gesund." Dazu möchte ich zu bedenken geben, dass Mais für etwa 900 Millionen Menschen das wichtigste Nahrungsmittel ist, vor allem in den Ländern Lateinamerika und Afrika.

Es gibt Getreidemais und Gemüsemais und beides wird inzwischen genmanipuliert. Aber wir Menschen im europäischen „Schlaraffenland" benötigen diesen manipulierten Mais nicht, wir sollten ihn besser genauso wie den genmanipulierten Weizen ablehnen.

Genveränderter Mais (und natürlich auch Weizen) ist durch chemische Substanzen belastet, dieses Gift schadet unserer Gesundheit und gerät zusätzlich in den natürlichen Kreislauf.

(Info: Mais- und auch Kartoffelstärke werden außerdem in der chemischen Industrie genutzt: für Kleber, Leim, Etiketten, Kosmetika, auch Farben und zur Erzeugung von schnell verrottbarem Bio-Plastikmaterial).

Weizen

Weizen wird bei mir nicht beschrieben, weil er, wie bereits erwähnt, nicht ohne Agrarchemie auskommt und zusätzlich seit Jahrzehnten genmanipuliert wird. Daher kein Wunder, dass es so viele Menschen gibt, die unter einer Weizenallergie leiden. Aber wozu Weizen, wir haben Dinkel und Kamut. Bitte greifen Sie zu Dinkel- und Kamutprodukten: Ihrer Gesundheit zuliebe.

Buchweizen

ist kein Getreide, aber unbedingt erwähnenswert. Der Buchweizen ist eine Knöterichpflanze, die Giftstoffe enthält. Für den Menschen ist der Buchweizen ungefährlich, aber das Stroh dieser Pflanze kann Allergien hervorrufen, wie Asthma oder Heuschnupfen. Buchweizen ist für Tiere leicht giftig: kann bei Pferden, Schafen,

Schweinen, Hunden, Katzen und Hasen Hautentzündungen, Durchfälle und Krämpfe auslösen.

Dieser Weizen ist allerdings in der Volksheilkunde ein wichtiges Produkt, da diese Pflanze aber auch gefährlich sein kann, gehe ich nicht darauf ein, zumal es unzählige Ersatzmittel gibt.

Glutenfreies Getreide

Amaranth

ist wie Quinoa auch ein buchweizenähnliches, aber glutenfreies Gewächs, zählt zu den Fuchsschwanzgewächsen und wird daher als Pseudo-Getreide oder Körnerfrucht bezeichnet.

Der Protein- und Fettgehalt, sowie die Lysin und Mineralstoffgehalte sind sehr hoch (der Kalziumgehalt ist höher als in der Milch).

Für Menschen, die an Neurodermitis leiden, hat sich Amaranth ebenfalls wie Dinkel sehr gut bewährt.

Aber genauso wie Buchweizen kann auch Amaranth und Quinoa für manche Menschen unverträglich sein.

Daher lassen Sie bitte diese Produkte bei einem Naturheilarzt oder Heilpraktiker testen, ob Sie für sie geeignet sind.

Hirse

Dieses gesunde Getreide enthält viele Mineralstoffe und Spurenelemente und ist leicht basisch. Hirse ist aber vor allem ein glutenfreies Getreide und der hohe Anteil an Silizium (Kieselsäure) sorgt für kräftige Haare und Fingernägel und ein gutes Hautbild. Hilft gut bei Arterienverkalkung. Außerdem sind in der Hirse, Fluor, Schwefel, Phosphor, Magnesium, Kalium und Eisen enthalten.

Die Hirse ist eine anspruchslose Getreidepflanze, die auf ärmsten Böden und auch bei Trockenheit gedeiht.

Braunhirse-Mehl (eine Art von Wildhirse) wird in letzter Zeit sehr häufig angeboten, ist angeblich sehr gesund und kann vor allem Arthrose heilen. Das Mehl sollte aber ungekocht eingenommen werden (die normale Hirse wird immer gekocht).

Einige Wissenschafter warnen vor dem rohen Verzehr von Braunhirse-Mehl, denn es kann angeblich gesundheitlichen Schaden anrichten, eventuell Nierensteine fördern. Braunhirse wird auch in Deutschland angebaut. Bevor Sie Braunhirse-Mehl verwenden, lassen Sie sich in einer Heilpraxis testen, ob Sie dieses Produkt vertragen.

Quinoa

Quinoa ist eine glutenfreie südamerikanische Getreideart, wird in jüngster Zeit auch in Deutschland und Österreich angebaut (ebenso Amaranth).

Aus Quinoa wird auch glutenfreies Bier hergestellt. Diese Getreideart hat einen besonders hohen Anteil an Magnesium und Kalium.

Vorsicht. Ungeschält ist Quinoa leicht giftig.

Auch bei Darmproblemen oder für Kleinkinder kann Quinoa unbekömmlich sein. Lassen Sie sich testen, bevor Sie zu dem „Wunderkorn" greifen, ob Sie es auch vertragen.

Reis (ungeschält.)

Auch Reis enthält kein Gluten und außerdem kein Cholesterin. Durch seinen hohen Kaliumgehalt wirkt er entwässernd. Gerade bei Reis sind die Nährwerte besonders von der Bodenbeschaffenheit, Pflege und Lagerung abhängig. Seine Inhaltsstoffe: hoher Gehalt an Natrium und Kalium, außerdem Kalzium, Eisen, Kupfer, Selen, Aminosäuren, Vitamin E und B-Vitamine. Der geschälte weiße Reis hat sehr wenig Inhaltsstoffe, aber etwas Kalium und Natrium bleiben erhalten.

Reis, eine Sumpfpflanze mit Ähren, die in Asien beheimatet ist und schon seit über 500 Jahren in Europa vor allem in Italien (sowie Frankreich und Spanien) angebaut wird, ist ein hervorragendes Diätmittel.

Kaufen Sie nur ungeschälten Bioreis, herkömmlicher ist oft genmanipuliert.

Milch, Rahm, Butter, Käse, Eier, Essig, Öl

Milch

Gesünder sind Ziegen- oder Schafmilch und sehr zu empfehlen ist eine pflanzliche Milch aus Soja, Dinkel, Hafer oder Reis. Sie erhalten diese Produkte im Bioladen, aber ebenso in Kaufhäusern. Vor allem die Sojamilch und die vielen Sojaprodukte. Sie können aber eine pflanzliche Milch sehr einfach selbst herstellen, siehe folgendes Rezept der gesunden Hafermilch:

Rühren Sie in ganz wenig Leitungswasser eine Hand voll frisch gemahlenen Haferschrot (oder feine Flocken) ein, dann gießen Sie diesen Brei mit gut einem Liter warmen Wasser auf und lassen alles einige Stunden stehen, manchmal umrühren. Dann die Hafermilch mit Hilfe eines Siebes in Flaschen abfüllen und in den Kühlschrank stellen, hält eine Woche. Sollten Sie die Milch leicht gesüßt haben wollen, dann geben Sie einen Hauch von Stevia (keinen Zucker.) dazu, siehe Zucker. Doch die Hafermilch hat von Natur aus einen süßlichen Geschmack. Den übrig geblieben Haferbrei können Sie in eine Suppe oder in ein Joghurt rühren. Hafermilch ist laktosefrei, ein Muntermacher und entwässert enorm.

Viele Menschen bevorzugen die Kuhmilch, sie enthält Milcheiweiß, Milchfett, Kalzium, Natrium, Eisen, Kalium, Magnesium, Phosphor, Jod und Zink sowie die wasserlöslichen Vitamine C, B1, B2, B6 und B12. Die fettlöslichen Vitamine sind A, D, E und K.

Aber bitte nur BIOMILCH verwenden, die herkömmliche enthält Giftstoffe. Zu empfehlen ist hier unbedingt die Bio-Buttermilch mit ihrem sehr niedrigen Fettgehalt.

Wenn Sie Kefir herstellen wollen, dies ist auch möglich mit Schaf- und Ziegenmilch oder auch mit pflanzlicher Milch. Wenn Sie im Biogeschäft ein Gärgefäß kaufen, dann lassen Sie sich bitte beraten.

Kefir stärkt das Immunsystem, gleicht den Blutdruck aus, hilft bei Problemen der Galle, des Magens oder der Verdauungsorgane, auch bei Ekzemen.

Heilpraktiker Bernd Hartmann zum Thema Milch: „Gemüse und Getreide bieten uns bei einem normalen Bewegungspensum genügend Mineralstoffe, sodass wir uns nicht mit übermäßig vielen Milchprodukten (tierisches Eiweiß) vollstopfen müssen. Milcherzeugnisse mit rechtsdrehender Milchsäure (L+) unter Verwendung von Bifidus- oder Acidophiluskulturen hergestellt, sollten wir bevorzugen, und Erwachsene sollten größere Mengen von Süßmilch mangels der

Labfermentausschüttung besser durch Buttermilch ersetzen. Kinder brauchen dringend tierisches Eiweiß, weil in ihm essentielle, also lebensnotwendige Aminosäuren enthalten sind. Milchprodukte sind da in vernünftiger Menge und Art oft sehr wichtig. Milchallergien kommen vor, sind aber eher eine Unverträglichkeit von Laktose und diese Allergien sind zum Teil zeitlich begrenzt. Mit guter Sanierung der Darmflora und der Säfteausschüttung im Verdauungstrakt kann das meistens behoben werden. Es gibt auch gute Laktose-Präparate, die die Laktoseintoleranz ausgleichen.

In Ausnahmefällen kann pflanzliche Milch sicher weiterhelfen. Die Milch soll ja nicht wegen den Mineralstoffen getrunken werden, sondern soll bei Vegetariern und Kleinkindern ein Lieferant für tierisches Eiweiß sein, **was für die Entwicklung des Kindes wichtig ist."**

Rahm und Butter
Rahm und Butter haben dieselben Inhaltsstoffe wie Milch, werden aber vom Körper leichter verdaut als Milch.

Käse
Sehr kalziumreich sind die Sorten Brie, Camenbert und Blauschimmelkäse, ansonsten sind beinahe dieselben Inhatsstoffe wie bei der Milch vorhanden, dabei sind besonders die Frischkäsesorten sehr zu empfehlen. Vor allem Frischkäse aus Schaf- und Ziegenmilch.

Eier
Haben ein sehr hochwertiges Eiweiß, Cholesterin, verschiedene B Vitamine, Spurenelemente Eisen, Zink und Selen, aber der Dotter hat einen großen Fettanteil. Wissenschafter sind sich nicht einig über den gesundheitlichen Wert des Eies. Man sollte auch angeblich nicht mehr als drei Eier pro Woche essen.

Es wird auch vor Salmonellen gewarnt, angeblich sind die Schalen davon behaftet. die Eier sollten deshalb im Kühlschrank in einer geschlossenen Box aufbewahrt werden, damit die Salmonellen nicht auf andere Lebensmittel überspringen können. Und beim Kochen unbedingt nach dem Aufschlagen eines Eies die Hände waschen. Trotz etlicher Befragungen konnte die Salmonellengefahr nicht bewiesen werden und es handelt sich sicher dabei um Eier aus der Massentierhaltung. Eier aus der Massentierhaltung können schwere gesundheitliche Schäden verursachen.

Wer keine Bioeier bekommt sollte beim Backen und Kochen zu Chia Samen greifen, siehe unter Gewürze.

Essig

Bei Essig empfehle ich einen Bio-Apfelessig. Der Apfelessig ist ein Wundermittel, er enthält Kalium, Kalzium, Phosphor, Magnesium, Schwefel, Eisen, Silizium, Chlor und Natrium.

Apfelessig vermittelt ein besseres Gedächtnis, Halsschmerzen können gelindert werden, verdünnt gurgeln hilft bei hartnäckigen Erkältungen.

Außerdem hilft Essig gegen Hornhaut, Fußpilz und Karies. Apfelessig verdünnt als Mundwasser ist einfach herrlich und hilft bei Zahnfleischentzündungen und hält die Zähne weiß.

Essig ist auch ein hevorragendes Hautmittel, da es denselben pH-Wert aufweist wie die gesunde Haut. Problemstellen (Sonnenbrand, Juckreiz) sanft mit Watte-bauschen abtupfen. Wenn Sie erschöpft sind, reiben Sie den ganzen Körper mit Apfelessig ein, Sie fühlen sich wie neugeboren.

Mit etwas Honig gesüßter Apfelessig schmeckt für alle Salate wunderbar.

Öl

Wählen Sie ein Öl aus der nahen Umgebung. Vielleicht ein Sonnenblumen- oder Maisöl? Aber zusätzlich sollten Sie immer ein Olivenöl im Haus haben, es ist ein Heilöl.

Schon im alten Ägypten heilte man viele Beschwerden mit Olivenöl, auch in der Bibel sind etliche Hinweise zu finden und Hildegard von Bingen empfahl es ebenso.

Olivenöl war nicht nur in der allgemeinen Heilkunde ein Begriff, es wurde auch immer schon für die Körperpflege verwendet. Aus den Olivenblättern und der Baumrinde stellte man Tee her und die Menschen tranken ihn bei Gicht und Verdauungsbeschwerden.

Der kretische Autor und Olivenbauer Jorgos Apostolidis schrieb: „Ein hochwertiges Olivenöl hat nicht nur das wertvolle Vitamin E, sondern über 1000 aktive biologische Wirkstoffe, einige davon verdünnen das Blut, schützen vor Herzinfarkt, helfen den Gallenfluss anzuregen, heilen Magen- und Darmgeschwüre und erhalten uns vor allem geistig und körperlich jung."

Einige Mediziner sagen auch, dass ein wertvolles Olivenöl ebenso als Krebsvorsorge gesehen werden kann. Wenn man gesundheitliche Probleme hat, dann ist es sehr hilfreich einen Schluck Öl vor dem Frühstück und einen Schluck vor dem Schlafengehen einzunehmen.

Der Hauptbestandteil des Olivenöls sind ungesättigte Ölsäuren und laut den neuesten Erforschungen sind diese **Ölsäuren bereits beim Zellaufbau des Kleinkindes wichtig**, sollen sich außerdem sogar für eine gute Lernfähigkeit auswirken.

Öltherapie (Ölziehen) mit Sonnenblumenöl

Eine wunderbare Entgiftung, die ein russischer Arzt erforscht und getestet hat: Nehmen Sie am Morgen nach dem Aufstehen einen Esslöffel voll Sonnenblumenöl (biologisch) und spülen Sie damit ungefähr zehn Minuten ihre Mundhöhle kräftig aus.

Sie dürfen das Öl auf gar keinen Fall schlucken, denn es wird im Mund sehr giftig. Das Öl ausspucken, anschließend den Mund ein paarmal mit lauwarmen Apfelessigwasser gut ausspülen und die Zähne gründlich – auch in den Zwischenräumen – reinigen. (Viele Menschen verwenden ein Bio-Olivenöl.) Der Magen soll nüchtern sein, oder zumindest zwei Stunden vor der Therapie keine Speisen aufgenommen haben.

Es kann manchmal vorkommen, dass Sie in den ersten Tagen eine leichte Übelkeit verspürt. Das kommt daher, dass der Stoffwechsel so enorm angeregt wird.

Das Öl nimmt die vielen Giftstoffe, die sich im Mund über die Nacht angesammelt haben, auf und gleichzeitig werden alle inneren Organe aktiviert, vor allem auch der Lymphfluss, ebenso wird die Thymusdrüse angeregt, die ein sehr wichtiges Organ des Immunsystems ist.

Unzählige Menschen konnten durch diese Anwendung Heilerfolge erzielen. Zu empfehlen ist eine Kur von drei Wochen, aber manche Menschen machen sie fast täglich, weil sie sich dabei wohl und gesund fühlen. Ellinor Leiter, die Autorin des Buches „So lebe ich - so bleib' ich jung" hat diese Therapie jahrelang erforscht und nahm ein kleines Fläschchen kaltgepresstes Sonnenblumenöl auch auf Reisen mit (sie wurde an die 100 Jahre alt).

Einige Menschen, die diese Therapie immer machen, schwören darauf und fühlen sich anschließend sehr fit. Andere meinen dagegen, dass sie keinen Unterschied erkennen können. Erwiesen ist aber, dass beim Ölziehen ein Entgiftungsprozess stattfindet, besonders bei abnehmendem Mond, denn da entgiftet der Körper um einiges besser. Ein sehr positiver Nebeneffekt: man nimmt sich täglich zehn Minuten Zeit für die Gesundheit.

Kokosöl

Das Kokosöl führe ich an, weil es gerade in den letzten Jahren bei vielen gesundheitsbewussten Menschen in den Himmel gejubelt wird: „Es sei das beste Öl der Welt – heilt innerlich und äußerlich – tötet alle Bakterien – soll ein Antikrebsmittel sein – kann auch bei Tuberkulose, Magengeschwüren, Menstruationsbeschwerden, Unterernährung, Schwäche, Bronchitis, Erkältungen und vielen Hautproblemen hilfreich sein. Killt Viren, die beispielsweise Grippe, Herpes, Masern, Hepatitis C, SARS oder AIDS verursachen."

Eine Firma wirbt sogar damit: „Kokosöl macht schlank."

Es gibt viele gute Erfahrungswerte, deshalb führe ich das Kokosöl auch an. Ich habe keine Erfahrung damit, weil ich mich vor allem – bis auf wenige Ausnahmen – für die Nahversorgung entscheide. Wenn Sie sich aber dafür interessieren, es gibt Bücher und fast jeder Bioladen kann Sie informieren.

Die Kokosnuss enthält sehr viel Selen.

Ich denke bei Kokosprodukten immer an die vielen Tropenwälder die abgeholzt werden, um Kokospalmen zu pflanzen. Die Menschen, die dort beschäftigt sind, verdienen einen „Hungerlohn". Deshalb ist bei diesem Produkt die Bezeichnung FAIR TRADE (fairer Handel) und BIOLOGISCH besonders wichtig

Fleisch ist kein Grundnahrungsmittel

Ob Sie Fleisch essen oder nicht, das ist Ihre Entscheidung. Es ist auch nicht leicht, wenn Sie mit viel Fleisch und Wurstwaren aufgewachsen sind, oder immer schon damit lebten, dass Sie sich plötzlich gänzlich umstellen sollten. Das müssen Sie nicht, aber bitte kaufen Sie keine Produkte aus der Massentierhaltung. Besonders zu empfehlen sind die Produkte der Demeter-Landwirtschaft und der Biobauern.

Fleisch aus der Massentierhaltung ist ungesund, enthält Giftstoffe und außerdem ist die Massentierhaltung erstrangig verantwortlich für unsere Klimakatastrophe. Auf die ethische Katastrophe möchte ich gar nicht eingehen.

In Deutschland werden täglich fünf Millionen Tiere zur Schlachtbank geführt, im

Schnellverfahren verarbeitet und uns Konsumenten wird dann ein günstiges Überangebot an Fleisch und Wurstwaren so appetitlich wie möglich angeboten.

Aber der Verzehr dieser Produkte aus der Massentierhaltung macht uns krank: seelisch und körperlich. Viele Menschen leiden dadurch unter Gicht, Rheuma, Herz-Kreislauf-Erkrankungen, Hautproblemen und Depressionen.

Eine gute Freundin erzählte mir, sie kann kein Fleisch mehr essen, denn sie arbeitete in der Nähe eines Schlachthofes und hörte täglich die Schreie der Tiere und jetzt weiß sie außerdem auch, wie gesundheitsschädlich der übermäßige Fleischkonsum aus diesen schrecklichen Tierfabriken ist und wie sehr er unser Weltklima belastet. Obwohl diese Freundin schon lange den Arbeitsplatz gewechselt hat, hört sie manchmal immer noch die Schreie der Tiere.

Nur zur Information, Tiere in der Massentierhaltung werden mit Tiermehl gefüttert. Tierärztin Anita Idel: „Der Brei stammt aus zerschredderten Tierleichen, der verbotenerweise mit Abwässern aus dem Schlachthof oder aus Toiletten gestreckt wird. Blut, Federn, Borsten, Sägespäne, Bodenbakterien, Pilze, Rübenschnitzel, Kartoffelabfälle, Kakaoschalen und stinkende Molke dürfen hingegen völlig legal untergerührt werden. Zur Deklaration der Inhaltsstoffe ist kein Tiermehlhersteller verpflichtet. In die Fleischmühle kommen auch Küken aus dem sogenannten Muser: Die Maschine dient eigentlich der Obstverarbeitung, wird aber auch zum Zerquetschen der frisch geschlüpften männlichen Küken verwendet, die sich naturgemäß nicht zum Eierlegen eignen und daher keinen Gewinn abwerfen." Den TBA-Betreibern (TBA – Tierkörperbeseitigungsanstalt), weiß die bei Kiel lebende Tierärztin Anita Idel, sei ziemlich egal, was reinkommt. Entscheidend sei, dass nichts Infektiöses herauskommt.

Viele Kinder wollen gar kein Fleisch essen. Sie essen es, weil sie Hunger haben. Oder weil ihnen die Panier vom Schnitzel so gut schmeckt. Dafür gibt es gute Alternativen: Panierte Sellerie-Schnitzel oder eben aus Biofleisch.

Bei meinen Interviews stellte sich heraus, dass die Menschen, die besondere Genießer sind, nur mehr zu Bio-Fleisch und Bio-Würstchen greifen wollen, weil alles viel, viel besser schmeckt und nicht ungesund ist.

Es gibt bereits einige Wurstsorten und Würstchen, die aus Gemüse hergestellt wurden. Schmecken gut und sind gesünder.

Auf allen Fleischpaketen, die aus der Massentierhaltung stammen, müsste ein Hinweis der quälerischen Haltung, der Massen-Tierschlachtung sowie der Gifte, die enthalten sind, vermerkt werden. Eine Bitte: Bevor Sie zu diesem Fleisch greifen, das natürlich sehr schön verpackt ist, rufen Sie sich diese Fakten auf.

Fisch

Ein frischer Fisch aus einem sauberen und unbelasteten Wasser ist sicher gesund, mit Zitrone und Petersilie zubereitet, wunderbar. Aber kennen Sie die Gewässer? Viele sind mit Umweltgiften wie Dioxinen und anderen Krankheitserregern belastet. Also Vorsicht. Bevor Sie viel Geld für einen Süßwasser- oder Meereswasserfisch ausgeben, prüfen Sie die Herkunft. Genehmigt sind Forellen aus einem sauberen Gebirgsbach oder Fische aus einer Biozucht.

Meeresfische enthalten die für unsere Gesundheit wichtigen Omega-3-Fettsäuren. Früher hat man einfach ein bis zweimal pro Woche Meeresfisch auf den Speiseplan gesetzt. Inzwischen wird man sogar wegen der zu hohen Belastung durch Schwermetalle (vor allem Quecksilber) davor gewarnt.

Die Alternative: Omega-3-Fettsäuren sind besonders in den Chia Samen (siehe bei Chia Samen), im Leinöl, Rapsöl, Soja- und Walnussöl enthalten.

Heilpraktiker Bernd Hartmann empfiehlt ein Omega-3-Präparat, welches aus dem Öl der Perilla-Pflanze, einer Schwarznesselart (ist auch unter Chinesicher Mistel oder Wildem Sesam bekannt) gewonnen wird.

Es gibt auch Kapseln, die mit einem Bio-Perilla-Öl gefüllt sind.

Grundsätzlich liefern uns die Omega-3-Fettsäuren wichtige Bau- und Schutzstoffe für unseren Körper. Sie sind auch bei zu hohem Cholesterin-Spiegel hilfreich.

Genussmittel

Kaffee

Heilpraktiker Bernd Hartmann: „Kaffee ist ein Genussmittel und sollte in kleinen Mengen genossen werden, also ein bis zwei Tässchen am Tag. Äußerst wichtig ist die Zubereitung: Espresso und dessen Folgeprodukte oder gekochter Kaffee wie beispielsweise bei den Griechen und Türken sind gut. Als Notlösung können Sie auch in einem kleinen Kochtopf ein viertel Liter Wasser mit einem Esslöffel Kaffeepulver aufkochen und zehn Minuten ziehen lassen, aber trinken Sie unter keinen Umständen Nes- oder Filterkaffee. Neskaffee ist ein total verändertes unnatürliches, denaturiertes Produkt und darum abzulehnen, weil es, wie auch der **Filterkaffee** zwar anregend, aber leider auch gewissermaßen aufregend wirkt, denn ein Großteil der vielleicht vordergründig unwichtigen, aber für eine harmonische Gesamtheit letztendlich sehr wichtigen Teilbestandteile fehlen.

Kaffee möglichst dunkel gebrannt kaufen und keinen koffeinfreien oder sonstig vorbehandelten. Coffea tosta - dunkel gebrannter Kaffee - war immer schon ein altes Heilmittel. Er regt, wie auch der Alkohol die Nierentätigkeit etwas an und darum sollte man zu beiden ein Glas Wasser dazu trinken, denn wir wollen doch unsere Niere nicht belasten."

Sehr zu empfehlen ist eine **„French press"-Kaffeekanne**, eine Pressstempelkanne oder auch Kaffeedrücker genannt (Foto rechts unten), der das Kaffeepul-ver durch das heiße Wasser presst. Das Geheimnis der Zubereitung eines hervorragenden Kaffees mit möglichst wenig schwebenden Partikeln liegt im richtigen (mittleren) Mahlgrad, der sehr gleichmäßig sein soll. Außerdem sollte man erst zehn Minuten warten, bevor man den Stempel zum Kannenboden presst. Wichtig ist bei diesen „French press"-Kannen, dass der Druckstempel nicht aus Plastik (giftig.), sondern aus Metall ist.

Tees

Es gibt viele gute Tees, lassen Sie sich in der Apotheke beraten, wenn Sie beispielsweise einen Tee zur Heilung oder Vorsorge benöitigen.

Heilpraktiker Bernd Hartmann warnt vor Blutreinigungs- und Abführtees, können gesundheitlichen Schaden anrichten.

Besonders erwähnenswert ist der Grüne Tee und seine Heilwirkungen:

Er wirkt basisch und auf die Muskel und Nervenzellen, schützt die Leber, das Immunsystem sowie vor Karies und Zahnfleischentzündung, reguliert den Blutdruck, soll auch Tumore verkleinern und allgemein vor Krebs schützen. Ist sehr gut für die Augen und für die Konzentration.

Egal welchen Tee Sie verwenden, Sie sollen ihn unbedingt nach Anleitung zubereiten, immer gut verschlossen aufbewahren (am besten in luftdichten, schönen Glasbehältern) und einen Kräutertee nicht über Wochen trinken, bei Unsicherheit unbedingt Expertenrat einholen.

In diesem Buch sind Bio-Lebensmittel und Produkte angeführt, die Sie überall in Mitteleuropa einkaufen können.

Schützen Sie sich vor einer Vergiftung

Meiden Sie bitte, wo immer Sie sind: Schweinefleisch und alle Produkte aus der Massentierhaltung, weiters Fertigprodukte, Geräuchertes, Wurstwaren, stark salzige, eingelegte Fische.

Vermeiden Sie Speisen die mit einem überhitzten Fett oder Öl zubereitet wurden und verspeisen Sie keine leicht angebrannten Produkte.

Verzichten Sie auf Milch (reduzieren Sie auch die Biolmilch), Zucker, herkömmliches Salz (siehe unter Salz), Fastfood-Ernährung, Getränke in Pappkartons mit Alubeschichtung (innen) sowie in Plastikflaschen und Backpulver.

Meiden Sie Cola

Der morphiumsüchtige amerikanische Apotheker John Pemberton, der von 1831 bis 1888 lebte, stellte seinerzeit die Rezeptur für den Energy-Drink Coca-Cola zusammen.

Der Drink sollte gegen Leistungstiefs, Depressionen, Kopfschmerzen, Nervosität und sexuelle Unlust wirken. Damals enthielt die Rezeptur auch Kokain, Kolanüsse, etwas Weißwein und Bestandteile der Pflanze Damiana. Pemberton hoffte, dass er mit dem Getränk seine Morphiumsucht in den Griff bekäme. Pemberton verkaufte die Rezeptur, die dann erst im Jahr 1903 geändert wurde und das heutige Rezept wird streng geheim gehalten.

Auf jeden Fall ist Cola nicht gesund. Und für Kinder schon gar nicht.

Heilpraktiker Bernd Hartmann: „Um ein Liter Cola im Körper zu entgiften, wird man wohl 30 Liter Wasser trinken müssen."

Der gefährliche Geschmacksverstärker Glutamat

Laut Wissenschaft kann der Geschmacksverstärker Glutamat die Sehkraft so sehr beeinflussen, dass sie zur Blindheit führt.

Prof. Dr. Hiroshi Ohguro von der Universität Hirosaki in Japan: „Wer über längere Zeit viele mit dem Geschmacksverstärker Mononatriumglutamat versetzte Speisen isst, riskiert sein Augenlicht."

Längst bekannt ist, dass Glutamat ein Mitverursacher von den Krankheiten Krebs, Alzheimer, Altersdemenz und Parkinson ist.

Weitere bekannte Beschwerden sind: Bluthochdruck, Migräne, Herzbeschwerden, Gehirnerkrankungen und dauerndes (suchtartiges) **Hungergefühl**. Es wurden Fälle bei Allergikern bekannt, bei denen Glutamat **epileptische Anfälle** bewirkte und sogar zum Soforttod durch Atemlähmung führte. Besonders gefährdet ist die **Entwicklung eines Embryos** (Nervensystem) und noch vieles mehr.

Glutamat ist in fast allen Fertigprodukten enthalten: Suppen, Soßen, Salaten, Würzmitteln, sogar in Butter, Brot, Pizza, Nudeln, Naschwerk, Kartoffelchips und in allen Produkten, die aus der Massentierhaltung stammen. Gebräuchliche Glutamate sind: Natriumglutamat, Mononatriumglutamat, Kaliumglutamat, Kalziumglutamat und Glutaminsäure. Aber Vorsicht, unter den Bezeichnungen „Hefeextrakt, Würze, Speisewürze und Sojawürze" verstecken sich ebenfalls ein geringer Prozentsatz Glutamat, auch in Bio-Fertig-Produkten.

Erwähnen möchte ich hier nochmals, das die im Maggi enthaltene Benzoesäure (Haltbarmittel) ein großer Enzymräuber ist.

Aber wozu die teuren Fertigprodukte kaufen, wenn ein Butterbrot mit frischen Gemüsescheiben besser schmeckt, schneller zubereitet und gesünder ist.

Beim Thema Vermeidung von Giften möchte ich Sie nochmals daran erinnern: Verwenden Sie bitte keine Mikrowelle, verzichten Sie auf Plastik, Alufolie und Alubehälter. Einige Wissenschafter wiesen darauf hin, dass Aluminium die Alzheimer-Krankheit hervorrufen kann.

Kartoffeln sind sehr basisch - in Öl herausgebackene Pommes frites nicht.

Säure-Basen-Haushalt

Grundsätzlich gilt, dass unsere Ernährung etwa zu 80 Prozent basisch sein soll. Gemüse ist vorwiegend basisch, besonders Kartoffeln (auch die Topinambur-Knolle) sowie leicht gedünstete Gemüsegerichte und alle Salate. Etwas sauer sind Rosenkohl und Artischocken. Rohe Tomaten sind basisch, gekochte sind sehr sauer. Soja, Sojamehl und einige Sojaprodukte sind basisch.

Auch reifes Obst ist vorwiegend basisch, besonders Äpfel, Birnen, Bananen, Heidelbeeren, Sauerkirschen, Erdbeeren, Johannisbeeren, Orangen, Esskastanien, Rosinen, Feigen und Datteln. Orangensaft und Apfelessig, Mate-Tee können der Übersäuerung sogar entgegenwirken. Die Zitrone wirkt im Organismus basisch. Grüner Tee ist basisch.

Zu den wirkungsvollsten Gegenspielern der Übersäuerung zählen nicht nur die Kartoffeln und Sojaprodukte, sondern vor allem grünes Gemüse und grüne Salate. Roh oder sanft gekocht. **Außerdem langsam und in Ruhe essen und gut kauen!** Wasser aus der Wasserleitung und ohne Kohlensäurezusatz ist neutral, mit Kohlensäure ist es sauer. Bei Getreide sind nach neuesten Forschungen Dinkel und Hafer leicht basisch (je nach Beschaffenheit des Bodens), aber nur dann, wenn sie luftdicht gelagert wurden und die Körner für die Zubereitung der Speisen frisch vermahlen werden. Aber alle Keimlinge sind basisch. Wenn Sie nach diesem Buch leben, dann dürften Sie mit einem Säureüberschuss keine Probleme haben.

Die ärgsten Säurelieferanten sind: Fleisch, Wurstwaren, Süßigkeiten, Kaffee, Zigaretten, Alkohol, Konservierungsstoffe, Medikamente und vieles mehr.

Keine Selbstmedikation

Noch ein wichtiger Hinweis: Greifen Sie nicht wahllos zu irgendwelchen Medikamenten, lassen Sie sich bitte austesten oder untersuchen, was Sie wirklich benötigen. Eine Eigenbehandlung könnte zu Problemen führen.

Zu empfehlen sind sicher bei Stresssituationen und für ältere Menschen Nahrungsergänzungsmittel mit Mineralstoffen und Vitaminen. Wobei natürliche Mittel zu bevorzugen sind: Fragen Sie Ihren Arzt oder Ärztin, in einer Heilpraxis oder lassen Sie sich in einer vertrauensvollen Apotheke beraten.

REZEPTE

Kochen Sie mit Liebe

Kochen ohne Hektik, aber dafür mit Liebe ist das Wichtigste. Wenn Sie das nicht einhalten können, dann streichen Sie sich nur ein Butterbrot, schneiden ein wenig Gemüse auf und genießen Sie diese Produkte in Ruhe. Abends bitte kein rohes Gemüse essen, weil es schwer verdaulich ist. Abends: Butterbrot mit Frischkäse und Gewürze als Alternative zum Kochen.

Denken Sie daran, dass Kochen eine wichtige Kultur ist, denn wenn Sie die Speisen hektisch zubereiten, das schadet Ihrer Gesundheit.

Mit diesem Buch lernen Sie ein „kinderleichtes" Kochen, für das Sie eine ganz einfach eingerichtete Küche mit wenig Geräten benötigen.

Sie kochen auch ohne Waage, dafür mit Gefühl.

Kochen Sie immer, was der Kühl- oder Speiseschrank Ihnen anbietet und was unbedingt verarbeitet werden muss, bevor es alt wird. Werfen Sie täglich ein paar Kontrollblicke auf Ihren Bestand.

Auch Kinder sollten Sie spielerisch miteinbeziehen, schon beim Einkaufen, denn sie wollen ja ein gesundes und einfaches Leben erlernen.

Diese einfache, gesunde und energiesparende Küche darf Sie aber nicht davon abhalten, dass Sie zu besonderen Anlässen aufkochen wie es unsere bodenständige Tradition ist. Und Sie sollten durchaus auch die Kreationen der vielen hervorragenden Haubenköche und Haubenköchinnen dann und wann genießen.

Durch das naturnahe Kochen, das ich Ihnen anbiete, werden Sie geschmackssensibler und vermeiden sicher bald die krankmachenden Fastfood-Gerichte. Sie werden gerne und mit großer Begeisterung mit ausgesuchten heimischen, biologischen und gesunden Lebensmitteln kochen und genießen wollen. Das ist die beste Gesundheitsvorsorge, die es gibt.

Bevor Sie einkaufen gehen oder mit der Zubereitung der Speisen beginnen, lesen Sie die Kapitel der Lebensmittel mit den Gewürzen und Kräutern gut durch. Denn zielführend ist es, dass Sie sich die für Ihre Gesundheit besonders geeigneten Produkte aussuchen und notieren.

Viel Freude beim Start.

Die Küche soll ein Ort der Kreativität sein

Die Einrichtung soll es ermöglichen, dass die Küche hell und praktisch ist. Pflegen Sie Ihren Herd und die Kochgeräte, denn die Sauberkeit in der Küche ist gleichzeitig auch Ihre Gesundheit.

Die Küche - Ein Ort der Kreativität

Die Küche soll praktisch eingerichtet sein, alles griffbereit und das Wichtigste: sie soll immer blitzsauber sein. Sauberkeit ist trägt zu Ihrer Gesundheit bei.

Gehen Sie mit Liebe und ohne Eile in die Küche, denn das Kochen soll eine Meditation sein.

Handy abstellen. Den Küchenfernseher zum Flohmarkt bringen (sollten sie einen haben), Radio und Musikplayer ausschalten, denn sonst hören Sie nicht, wenn die Suppe kocht oder das Gemüse anbratet.

Beim Kochen brauchen Sie Ruhe, denn nur so können Sie Ihrer Kreativität freien Lauf lassen. Das Einzige, was „erlaubt" ist und eventuell Ihre Arbeit beflügelt, ist eine Duftlampe.

Schätzen Sie Ihre Produkte, die Sie eingekauft haben. Genießen Sie den Duft von frischem Gemüse und der Kräuter. Freuen Sie sich über Ihr gesundes Obst und über Ihre verschiedenen Getreidesorten.

Sollte ein Produkt nicht gut riechen, dann nicht verwenden und auf den Kompost geben, aber in Zukunft prüfen Sie das gleich beim Einkaufen. Oder Sie müssen Ihre Lagerung überprüfen. Denken Sie beim Kochen vielleicht auch daran, dass es nicht selbstverständlich ist, dass wir aus dem Vollen schöpfen können. Wir sollten den Früchten dieser Erde täglich mit Ehrfurcht begegnen und sie auch mit Ehrfurcht und Muse verarbeiten (jeder sechste Mensch auf dieser Erde muss nämlich hungern...).

Überlaufen von Töpfen, angebrannte Speisen und verschmutzte Herde werden in Zukunft Fremdwörter für Sie sein. Denn mit Ruhe und Sorgfalt wird es fast nie mehr passieren, dass etwas überläuft oder dass Sie in der Hektik etwas verstreuen.

Immer, bevor Sie zum Kochen beginnen, sollte die Küche picobello sein und gewaschene Hände sind selbstverständlich. Sie bereiten ja eine Speise zu, die besonders gut und vor allem gesund sein soll.

Die Küche sollten Sie nach Ihrem Geschmack einrichten: übersichtlich, einfach in der Handhabe und so gut es geht nur mit natürlichen Materialien ausstatten. Achten Sie bitte darauf, dass die Möbel keine giftigen Stoffe enthalten und dass Sie nicht von Elektrosmog umgeben sind.

Mit Wasser kochen und sanftes Braten

Generell wird in meiner Küche alles mit Wasser gekocht, nie mit Milch. Wenn Sie bei Suppen oder Hauptspeisen geröstete Zwiebel oder Kräuterbutter benötigen, dann diese nur sanft rösten – nie dunkelbraun werden lassen – und erst vor dem Servieren zubereiten. So bleiben die Inhaltsstoffe erhalten.

Omelettes oder Gemüse- sowie Getreidebratlinge werden nur ganz sanft ohne Fett in einer Keramikpfanne gebraten.

Wie bereits im Kapitel „Giftfreie und energiesparende Kochgeräte" erwähnt: Zu heißes Öl oder auch verbrannte Butter haben giftige Transfettsäuren in sich. Sollten Sie noch Fritieren, je öfter Sie das Öl verwenden, desto mehr ist es mit diesen Säuren belastet. Dieses Altöl ist Sondermüll.

Siehe auch im Kapitel GESUNDHEIT unter Fettsucht, Seite 213.

Wenn Sie Biofleisch essen, dann dünsten Sie bitte das Fleisch im Wasser und bereiten eine sanfte Kräuter-, Knoblauch- oder Zwiebelbutter vor. Dasselbe gilt bei Fisch. Eine sanft erhitzte Butter verfeinert den Geschmack der Speisen.

Brot

Immer wieder wird Brot weggeworfen, man kann auch aus altem Brot gute Speisen zaubern, aber warum denn, sorgen Sie bitte dafür, dass Ihr Biobrot sorgfältig und richtig gelagert wird. Das Brot in ein sauberes Geschirrtuch einwickeln, dann in einen biologischen Frischhaltebeutel (Bioplastik) stecken und in einem kühlen Raum oder Kühlschrank aufbewahren. Hält zwei bis drei Wochen.

Denken Sie manchmal bitte auch daran, in Kriegszeiten musste man das Mehl mit Sägemehl vermischen, damit es ertragreicher war, und viele Mütter haben teilweise für einen Brotlaib das letzte Schmuckstück eingetauscht.

Verwenden Sie nur gute Produkte und greifen Sie niemals zur Massenware der Weißbrot-Industrie.

Und hier ein Brotrezept, wenn Sie selbst backen wollen:

Für drei Laibe nehmen Sie 2,5 kg Roggenmehl, 1 kg Dinkelmehl, 100 g Salz, 42 g Bio-Hefe, eine Hand voll Gewürze (Koriander, Anis, Fenchel), alles gut vermischen und dann mit lauwarmen Wasser (ungefähr ein Liter) und etwas Buttermilch durchkneten. Den Teig mit einem Baumwolltuch zudecken und ungefähr eine Stunde ziehen lassen. Die Backzeit (in einem gut vorgeheizten Backrohr) beträgt etwa eine Stunde.

Anstatt Dinkelmehl können Sie auch Kamutmehl verwenden, oder die zwei Sorten mischen.

Frisches Brot schmeckt herrlich, kann aber Blähungen verursachen. Abgelegenes ist gesünder.

Rezepte für das Frühstück

Obst ist besonders gesund zum Frühstück, denn der Magen benötigt dabei kaum eine Energie für die Verdauung und Sie sind in zehn Minuten für einen anstrengenden Tag startbereit.

Manche meiner Freunde bevorzugen in Scheiben **geschnittenes Gemüse**, wie Gurken, Tomaten, Paprika und dazu ein **herzhaftes Butterbrot**.

Ein gesundes und stärkendes Frühstück: Eine kleine Schüssel mit feinen Haferflocken (frisch gepresst) halb anfüllen, Leitungswasser hinzufügen, so dass das Wasser eine Daumenbreite darüber steht, und fünfzehn Minuten stehen lassen (grobe Haferflocken am Vorabend einweichen).

Danach entweder frisch gemixtes oder klein geschnittenes Obst (Apfel, Banane, Orange, Erdbeeren...) beifügen, auch gekochtes Obst ist gut, einen Esslöffel geschroteten Leinsamen und ein Löfferl Honig. Sie sind für den ganzen Tag gut versorgt.

Fruchtcocktail: Einen Apfel und Früchte nach Jahreszeit in den kleinen Mixer geben (Obst vorher waschen) und mit genug Leitungswasser gut zerkleinern. Würzen nach Geschmack und Belieben. Fertig.

Energiecocktail: Einen Apfel, eine Banane, eine Karotte, einen Hauch von Zimt, etwas frischen Ingwer im kleinen Mixer mit Leitungswasser zu einem Cocktail verarbeiten. Vor dem Trinken einige Tropfen Öl dazu geben. Ist sehr gesund und schmeckt gut. Sie können diese Cocktails natürlich auch mit Honig, Erdmandelflocken oder Steviapulver süßen. Verzichten Sie bitte auf Zucker.

Ein **Grießbrei aus Dinkel** oder Kamut (siehe Rezept bei den Nachspeisen) ist empfehlenswert. Alles mit Wasser, nicht mit Kuhmilch kochen, denn da wird die Heilwirkung des Getreides vermindert.

Von den vielen angebotenen Fertigmüslis rate ich ab, falsch zubereitet sind sie schwer verdaulich und außerdem sind sie keine wertvolle Frischkost.

Wenn Sie aber lieber ein Butterbrot mit Honig oder Marmelade essen wollen, dann ist dazu ein **Grüner Tee** sehr empfehlenswert, er ist basisch und gut für die Konzentration sowie für die Augen. Wenn Sie Kaffee bevorzugen, süßen Sie ihn nicht mit Zucker, verwenden Sie Honig und nehmen Sie anstatt Milch etwas süßen Rahm. Und trinken Sie ein Glas Wasser dazu, siehe bei Kaffee.

Das Frühstück ist eine sehr wichtige Mahlzeit: Manche Kinder kommen ohne Frühstück in die Schule. Erwachsene steht auf! Aber ab dem zehnten Lebensjahr können Kinder das Frühstück selbst zubereiten, auch für die ganze Familie.

Salate und Rohkost als Vorspeise

Der klassische Salat:
Je nach Jahreszeit wählen Sie diverse Blattsalate, grüne, rote oder gelbe Paprika, Fenchel, Tomaten, Zucchini, Radieschen, Rettich, Rote Rüben, auch etwas Zwiebel, eventuell einen Apfel, frische Kräuter, Öl, Essig, Salz und andere Gewürze sollten Sie separat auf den Tisch stellen und jeder kann sich selber nach Belieben bedienen. Wenn sie frische Zwiebeln schlecht vertragen, dann überbrühen Sie sie mit heißem Wasser oder beträufeln Sie sie mit Zitronensaft.

Dieser klassische Salat kann auch ein komplettes Mittagessen sein. Vor allem im Sommer. Ist rasch zubereitet, sehr gesund und die verschiedenen Jahreszeiten bringen die gewünschte Abwechslung.

Wichtig ist, dass Sie den Rohkost-Salat vor den anderen Speisen essen, so wird der Stoffwechsel besser angekurbelt.

Einige Wintersalate, die ebenfalls den Körper stärken:

Krautsalat liefert sehr viel Vitamin C und ist ein Darmputzer. Das Kraut ganz fein schneiden und würzen (eventuell mit Knoblauch und Sojarahm.). Auch im kleinen Mixer können Sie Krautteile zerkleinern. Oder **Sauerkrautsalat** mit süßen, geriebenen Äpfeln, ist sehr gesund.

Kartoffelsalat ist ein Vitamin-C-Spender. **Roter-Rüben-Salat** (Rote Bete): Rote Rüben roh mit einem Apfel reiben und würzen schmeckt wunderbar und ist gesundheitlich ein Tausendsassa.

Für **Kinder** herzhaft und gesund: **Karotten mit Äpfeln** reiben und als Rohkostsalat servieren. Vor dem Servieren folgende Soße zubereiten: Etwas Apfelessig mit Wasser verdünnen, mit Honig (oder Stevia.) verrühren und noch einige Tropfen Öl dazu geben, schmeckt fast allen Kindern.

Karottencarpaccio: die Karotten **ganz fein, also hauchdünn** der Länge nach schneiden, mit Zitronensaft und ein paar Tropfen Öl beträufeln. Für dieses Carpaccio eignen sich alle Rübensorten oder auch Champignons gut.

Nochmals warne ich vor Fertigsalaten:

Beispielsweise der beliebte Kartoffelsalat, er wird von Großhändlern in großen Behältern aus Alublech oder Plastik angeliefert und ist nicht frei von giftigen Substanzen (Alu, Plastik, Haltbarmittel) und könnte Ihnen möglicherweise einen gesundheitlichen Schaden zufügen. Diese Salate werden in einigen Gasthöfen, Imbissständen und Kantinen angeboten.

Suppen gesund und schnell

Meine Suppen sind im Nu fertig: Sie geben das Gemüse (eine Hand voll für eine Person), welches Sie verwenden wollen oder müssen (bevor es alt oder sogar schlecht wird), gewaschen und etwas zerkleinert in den Mixer, fügen als Geschmacksverstärker eventuell frischen Ingwer und einen Apfel oder Birne dazu, mit etwas Wasser kurz mixen, alles in einen Kochtopf leeren, Wasser nach Bedarf auffüllen, ein paar feine Haferflocken (oder Dinkelgrieß) dazugeben, damit die Suppe dickflüssiger wird (wenn Sie das wünschen), dann einmal aufkochen und fertig. Kochplatte ausschalten.

Fünf bis zehn Minuten auf der Kochplatte stehen lassen. Jetzt mit Salz und Gewürzen **ihrer Wahl,** beispielsweise Kümmel, Muskatnuss-, Ingwer-, Galgant- und Kurkumapulver sowie einem Hauch von Zimt – je nach Belieben – würzen. Würzen Sie vorsichtig, prüfen Sie den Geschmack.

Zum Servieren bestreuen Sie die Suppe mit Frischkräutern. Vor allem der Karottensuppe ein paar Tropfen Öl beifügen: Viele Wissenschaftler empfehlen eine gewisse Menge Fett/Öl zu verwenden, damit die Aufnahme fettlöslicher Vitamine begünstigt ist. Aber es gibt auch Aussagen, dass beispielsweise **Beta-Carotin** genauso gut ohne Fett absorbiert werden kann. Ich kann den Beweis nicht antreten, deshalb empfehle ich die Hinzufügung von Öl, wie beschrieben. Wenn Sie aber ein paar feine Haferflocken, Hafermehl, Dinkel- oder Hirsemehl beifügt haben, dann genügt das auch, denn sie sind fetthaltig, auch Rahm (Sahne) können Sie verwenden.

Die Zerkleinerung des Gemüses ist sehr wichtig, weil dadurch die Zellwände aufgebrochen werden und für den Körper leichter aufzuschließen sind.

Mit dieser Suppenkoch-Methode sparen Sie Zeit und viel Energie, zusätzlich bleiben die Inhaltsstoffe der Lebensmittel erhalten. Außerdem sind diese Suppen auch cremig, wie Sie sie vielleicht vom Stabmixer her kennen. Verwenden Sie keine fertigen (Bio)-Brühwürfel (Pulver), sie enthalten fast alle das ungesunde Salz und Glutamat: Salz, Gewürze und Kräuter genügen.

Für Suppen eignen sich auch hervorragend alle frischen Kräuter, auch die Blätter der Karotten oder Radieschen, besonders gut ist ein Mix von beiden. Die Blätter gut waschen, etwas vorschneiden und in den Mixer geben und mit Wasser zerkleinern. Einen guten Geschmack erzielen Sie ebenso mit Sellerie (Wurzeln und Gestänge), Petersilwurzeln, Knoblauch und Zwiebeln.

Salate und Rohkost haben Sie immer rasch zur Hand und im Nu zubereitet. Dazu essen Sie ein Vollkornbrot mit Butter, das ist ein perfektes Mittagessen und wesentlich bekömmlicher und gesünder als jede Fastfood-Speise.

Karottensuppe (Bild oben)
Zwiebel, Knoblauch, frischen Ingwer und andere Gewürzmittel können Sie im Mixer zerkleinern, vorher Wasser beifügen. Dann die Brühe im Kochtopf aufkochen, die Zwiebel bekommt keinen bitteren Geschmack, wenn Sie beim Mixen Wasser beimengen.
Sollten Sie Knoblauch nicht vertragen, eine gesunde Alternative ist Meerrettich. Und wenn Sie möchten fügen Sie einige Chia Samen dazu.
Die Suppe mit Rahm und Kräutern servieren.

Dinkelgrießsuppe mit Gemüse

Dinkelgrieß frisch mahlen, in kaltes Wasser einrühren, Gemüse nach Wahl (das Sie vorher im Mixer zerkleinern) beifügen, einmal aufkochen, Energie abschalten und nachziehen lassen. Gewürze beifügen: Salz, Kurkuma-, Ingwer-, Kamut- sowie Kümmelpulver.

Vor dem Servieren entweder mit Schnittlauch oder Petersilie bestreuen und eventuell, wenn Sie mögen, dann rühren Sie einen Hauch von Soja- oder Sauerrahm (Sahne) ein.

Hirsesuppe mit Karotten

Hirse waschen und über Nacht im Wasser (Kochtopf) quellen lassen. Am anderen Tag einmal aufkochen und dann die Kochplatte oder Gas ausschalten, nachquellen lassen, ungefähr zehn Minuten.

Würzen nach Belieben, ähnlich wie bei der Dinkelsuppe, bei Hirse schmeckt auch ein Hauch von Muskatnuss-Pulver sehr köstlich.

Die im Mixer zu einem Brei zerkleinerten, rohen Karotten einrühren, mit frischen Kräutern würzen und servieren. Auch hier brauchen Sie kein Fett, weil Hirse Fett enthält. Ein sehr guter Geschmack ergibt sich, wenn Sie den Karotten etwas Knollensellerie beifügen.

Kürbissuppe

Zwei faustgroße Stücke Kürbis, eine Karotte, eine Kartoffel, einen Apfel oder Birne, ein Stück Sellerie, frischen Ingwer und etwas Knoblauch in kleine Stücke schneiden, in den Mixer geben und mit etwas Wasser cremig mixen. In den Suppentopf leeren, Wasser nach Bedarf beifügen und etwa zehn Minuten kochen, abschalten und noch zehn Minuten zum Fertiggaren stehen lassen.

Nach den zehn Minuten salzen, etwas Zimt dazu geben, Kurkuma- und Kümmelpulver. Vor dem Servieren dekorieren Sie die Suppe mit etwas Sahne oder Sojarahm und Schnittlauch oder Basilikum.

Brennnesselsuppe

Aus den gewaschenen Blättern mit Wasser, ein wenig Zwiebel und Knoblauch eine Maische mixen, alles in den Kochtopf leeren, einmal aufkochen lassen, ein paar rohe Karotten reiben und dazufügen, würzen und etwas zugedeckt stehen lassen. Fertig. Mit Schnittlauch und Sojarahm oder Sauerrahm (Sahne) servieren.

Tomatensuppe mit Apfel oder Birne

Vier große Tomaten und einen Apfel (oder Birne) in kleine Stücke schneiden und je nach Belieben eine Knoblauchzehe oder Zwiebel dazugeben.

Alles zu einem Brei mixen, in den Kochtopf leeren, etwas Wasser hinzufügen, dann kurz aufwallen lassen (bitte nicht kochen, dann bleibt die Suppe basisch.), salzen und vor dem Servieren mit frischen Kräutern bestreuen. Eventuell einen Hauch von Zimt, einen Teelöffel Himbeermarmelade oder eine Messerspitze Blütenhonig beifügen.

Haferflockensuppe mit geriebenen Apfel

Eine Hand voll Haferflocken mit einem halben geriebenen Apfel kurz aufkochen, abschalten und ziehen lassen. Vor dem Servieren nach Ihrem Geschmack würzen und etwas Rahm oder Sojarahm (Sahne) sowie Petersilie oder Schnittlauch dazu geben. Ich möchte Sie daran erinnern, dass sie die Gewürze und Kräuter nach Ihrem gesundheitlichen Bedürfnis auswählen sollen.

Kartoffelsuppe

Man rechnet für eine Person eine große Kartoffel. Kartoffeln waschen und schälen, feinblättrig schneiden, in den Kochtopf geben, mit Wasser auffüllen (pro Kartoffel eine große Tasse Wasser), ein Lorbeerblatt und ganzen Kümmel beifügen. Knapp zehn Minuten kochen, abschalten und wie schon mehrmals erwähnt zugedeckt nachgaren lassen. Anschließend Gewürze beifügen, je nach Belieben: etwas Muskatnuss, Kurkuma, Ingwer und Salz. In einer kleinen Pfanne etwas Butter zergehen lassen und ein paar fein geschnittene Zwiebelringe zart rösten, der Suppe beifügen, beim Servieren mit Schnittlauch oder frischem Majoran verfeinern.

Würzmittel für Suppen und Soßen

Wie schon erwähnt, aber ich muss es wiederholen: verzichten Sie bitte auf aromatisches Streupulver und Würfel, in fast allen ist das schädliche Natriumglutamat (Geschmacksverstärker) enthalten. Auch Bioprodukte enthalten es. Frische Kräuter oder im Winter getrocknete Kräuter und ein gesundes Salz sind besser. Beispiel einer einfachen guten Trocken-Kräutermischung: Kümmelpulver, Petersilie, Selleriepulver (oder kleine Stücke), Kurkuma, Ingwer und etwas Galgant (nach Geschmack und Bedürfnis zusammenstellen). Gibt auch gute fertige Mischungen zu kaufen. Vergessen Sie nicht: Kräuter sorgen für Ihre Gesundheit.

Hauptspeisen

Die klassische Kartoffel-Gemüsepfanne – Varianten je nach Jahreszeit:

Geben Sie in die Pfanne bodenbedeckt Wasser, dann schneiden Sie die Kartoffeln in besonders feine Scheiben und legen sie hinein, zudecken und Herd einschalten. Währenddessen schneiden Sie Karotten, Jungzwiebeln, Fenchel, Sellerie in kleine Stücke und nach fünf Minuten vermischen Sie diese mit den Kartoffelscheiben. Insgesamt zehn Minuten kochen und dann abschalten, es köchelt nach und der Rest erledigt sich in ein paar Minuten von selbst. Das Wasser verkocht und wird aufgesaugt. Sollte noch etwas Wasser in der Pfanne sein, abseihen und für eine Suppe aufheben oder trinken.

Vor dem Servieren würzen: mit ein klein wenig Muskatnuss, eventuell einer Prise von Kurkuma, Koriander, Muskatnuss und Ingwer (Pulver oder frisch), etwas Butter (oder Olivenöl, Sojarahm) beifügen und salzen. Nochmals gut vermischen und dann wahlweise mit Petersilie, Schnittlauch, Löwenzahn- oder Spitzwegerichblätter und eventuell fein geschnittenen Jungzwiebelschoten garnieren. Fertig.

Dieses Gericht können Sie nach Verfügbarkeit von Gemüse abwandeln, wenn Sie beispielsweise nur noch Kartoffeln und Karotten haben, schmeckt auch köstlich.

Probieren Sie selbst Varianten aus, je nach Jahreszeit und was Sie zur Verfügung haben.

Nicht vergessen, es sollte in Ihrem Lager nichts, aber auch schon gar nichts verderben. Und zu den Mengenangaben, Sie wissen ja selbst, wieviel Sie essen wollen. Vor allem aber sollten Sie beim Kochen ein neues Gefühl entwickeln: für Mengen, Geschmack und Varianten und dabei immer an Ihre Gesundheit denken.

Karottenpfanne mit Zucchini und Jungzwiebeln

In die Pfanne bodenbedeckt Wasser geben, Karotten waschen, zerkleinern und hinzufügen, Deckel zu und kochen. Ungefähr sechs bis sieben Minuten, je nachdem wie weich sie sein sollten. Währenddessen schneiden Sie Zucchini und Jungzwiebelschoten, die Sie dann, nachdem die Karotten gekocht sind, beifügen und mit den Karotten vermischen.

Energie ausschalten, Pfanne zudecken, die nachwirkende Hitze genügt, um die Zucchinischeiben und die Jungzwiebelringe kurz zu dünsten.

In einer kleinen Pfanne etwas Butter zergehen lassen und geschnittenen Ingwer leicht anrösten und salzen. Vor dem Servieren über die Speise geben und zusätzlich,

wenn Sie möchten und haben, noch etwas Petersilie, Schnittlauch oder Löwenzahn darüber streuen. Schmeckt ausgezeichnet.
Anstatt Butter können Sie auch Öl, Sauer- oder Sojarahm (Sahne) nehmen.

Die klassische Kartoffel- und Gemüsepfanne.

Karotten, grüne Bohnen mit Zwiebeln und Ingwer.

Pellkartoffeln – ganze Kartoffeln kochen

Kartoffel gut waschen (eventuell abbürsten), in den Schnellkochtopf geben und kochen. Kein Salzwasser verwenden. Ist nicht nötig. Mein Schnellkochtopf braucht für mittlere Kartoffeln acht Minuten.

Wenn Sie für eine Woche Diät machen wollen, essen Sie jeden Abend diese Kartoffeln, so viel Sie wollen, aber ohne Salz und ohne Butter, nur mit Sojarahm, dann verlieren Sie an Gewicht. Sehr vorteilhaft bei abnehmendem Mond, zu dieser Zeit entschlackt der Körper und gibt Überschüssiges leichter ab.

Natürlich schmecken diese Kartoffeln mit Salz und Butter besser, auch mit Frischkäse, Kräuterquark (Topfen) und Meerrettich sind sie sehr köstlich. Kräuter klein schneiden, Meerrettich raspeln, mit etwas Öl oder Sojarahm verrühren und salzen. Oder Sie bereiten eine unten beschriebene Kräuterbutter vor.

Pellkartoffeln mit Kräutertopfen und Leinöl schmecken hervorragend und sind besonders gesund. Ich bereitete früher oft am Sonntag einfach eine Salatplatte und anschließend diese wunderbaren Kartoffeln zu. Auffällig war, dass meine Tochter sich manchmal bei den Nachbarn, wo ihre zwei besten Freundinnen wohnten, einladen ließ, dort gab es Schnitzel oder Brathuhn und eine zuckersüße Torte. War auch in Ordnung, das Fleisch stammte nicht aus der Massentierhaltung.

Leinöl gehört zu den Lebensmitteln, die einen sehr hohen Gehalt an Omega-3-Fettsäuren haben. Und Meerrettich ist (laut Pfarrer Kneipp) ein auserlesenes Heilmittel, siehe bei Gemüse. Pellkartoffeln werden in Österreich einfach „gekochte Erdäpfel oder Kartoffeln" genannt. In der Schweiz und im Schwabenland heißt dieses gesunde Essen „Gschwelti" und irgendwo in Deutschland (vielleicht im Rheinland) sagen die Menschen „Quellmännchen" dazu.

Kräuterbutter

Erhitzen Sie sanft und knapp vor dem Servieren der einzelnen Speisen in einer kleinen Pfanne etwas Butter mit fein geschnittenem Knoblauch oder/und Ingwer oder Zwiebeln, Gewürze nach Belieben beifügen und stellen Sie diese Kräuterbutter auf den Tisch oder beträufeln Sie damit sorgfältig die Speisen vor dem Servieren. Mit Petersilie, Schnittlauch oder anderen frischen Kräutern garnieren.

Kartoffeln mit Spargel

Kartoffeln mit grünem Spargel ebenfalls in einer großen Pfanne gemeinsam im Wasser (bodenbedeckt.) zehn Minuten leicht köcheln lassen, wenn das Wasser bei nahe verkocht ist und die Kartoffel sowie der Spargel gar sind, mit etwas Muskatnuss, Kreuzkümmel und Koriander sowie Salz sanft würzen.

Inzwischen bereiten Sie eine Karottenbutter vor:

Karottenstücke sehr klein schneiden, in die Butter geben und sanft erhitzen, vor dem Servieren verteilen Sie diese Butter über die Kartoffel/Spargel-Speise.

Etwas fein geschnittene Petersilie, Schnittlauch oder Jungzwiebelschoten darüber streuen.

Der gute Spargelgeschmack bleibt so erhalten und Sie können auf eine Soße Hollandaise oder Béchamelsoße gerne verzichten.

Wer unbedingt will, kann ja Spiegeleier dazu essen.

Natürlich ist auch weißer Spargel dazu geeignet, den Sie vorher sorgfältig schälen sollen. Grüner Spargel ist am Endstück etwas hart, einfach abbrechen. Sie können die Spargeln natürlich auch ohne Kartoffeln zubereiten.

Galgant-Kartoffel-Gulasch

Etwa vier Stück große Kartoffeln (für zwei Personen), waschen, schälen, klein würfeln, zwei große Zwiebeln klein hacken und alles mit wenig Wasser und etwas Kümmel (ganz) in den Kochtopf geben. Fünfzehn Minuten reichen, Herd ausschalten und nachgaren lassen. Dann reichlich Galgantpulver hinzufügen, so wie Sie die Schärfe lieben und etwas Salz und Majoran untermischen. Fertig. Wenn Sie möchten, dann können Sie dieses Gulasch mit etwas Rahm (Sahne) servieren. Schmeckt natürlich auch gut, wenn Sie anstatt Galgant Paprika nehmen.

Dazu Brot, Getreidereis, Hirse oder Reis servieren.

Pommes frites (oder Pellkartoffeln) und Ketchup: gesund zubereitet

Die Kartoffeln waschen, schälen und schneiden, auf eine Backfolie legen und in das vorgeheizte Rohr schieben.

In zwanzig Minuten sind die Pommes knusprig. (Bedenken Sie: viel Energieaufwand und die Pellkartoffeln schmecken besser.)

Inzwischen bereiten Sie ein Ketchup vor, nach einem sehr einfachen, aber gesunden Rezept. Es ist sogar basisch.

Zwei große Tomaten mit Schale etwas zerkleinern und ein paar kleine Stücke Stangensellerie sowie frischen Ingwer, etwas Himbeer- oder Birnenmarmelade, nach Belieben mit Curry, Muskatnuss und Salz in den Mixer geben, sehr gut verrühren. Fertig. Wer ein scharfes **Ketchup** will fügt einfach Cayennepfeffer dazu.

Omelett in 1000 Varianten

Ei mit etwas Dinkelgrieß, Sojamehl und Gewürzen fein verrühren, zerkleinertes Gemüse dazufügen (wählen Sie aus, welches Gemüse verarbeitet werden muss, ob Karotten, Zucchini, Fenchel...), den zähflüssigen Brei als handgroße Omeletts in die Pfanne geben, und fettlos oder mit ganz wenig Öl oder Butter zart auf beiden Seiten braten. Diese Masse können Sie zubereiten, je nach Lust und was verarbeitet werden muss, bevor es alt wird.

Foto oben: Omelett mit Dinkelgrieß und Gemüse, serviert mit Ingwerbutter und Petersilie. Dazu eventuell Spinat servieren, besonders köstlich und gesund ist der wildwachsende Brennnesselspinat, siehe Rezept unten.

Brennnesselspinat (mit Spiegeleier oder Omeletts servieren)

Pflücken Sie die Brennnesseln mit Handschuhen oder Gartenschere, es geht auch mit der bloßen Hand, denn auf der Rückseite brennen sie nicht. Wählen Sie zum Sammeln einen gesunden Platz: Waldesrand oder Auen, auf jeden Fall nicht unter einer Einflugschneise oder neben einer Autobahn. Nehmen Sie vor allem die kleinen Blätter. Zuhause kurz waschen in einen Kochtopf geben und mit ganz wenig Wasser leicht dünsten. Wie beim normalen Spinat fallen auch hier die Blätter im Nu zusammen und aus einem Riesenberg wird eine kleine Portion.

Fügen Sie ein wenig Butter und einen Hauch von Knoblauch und frischen Ingwer dazu, ein wenig Salz, Muskatnuss und mit etwas Sojarahm (Sahne) übergießen. Fertig. Genau so können Sie alle Spinatsorten zubereiten.

Spiegeleier denke ich, muss ich nicht beschreiben, weiß jedes Kind. Aber bitte nicht vergessen BIO-Eier. Omeletts sind oben beschrieben.

Dinkel- oder Kamutpalatschinken

Mehl frisch mahlen, etwas grießig, Ei und Wasser dazugeben, mit dem Schneebesen glatt rühren, bis die Masse leicht zähflüssig ist. In eine Pfanne einen Hauch von Butter oder Öl hineingeben (geht auch fettlos.), heiß werden lassen, eine handgroße Fläche von der Masse hineinleeren, Pfanne schwenken, damit die Masse bis zum Rand fließen kann. Zart anbrutzeln lassen, umdrehen, anbrutzeln, fertig. Mit Marmelade, Honig, Spinat oder Topfen (Quark) mit Sahne füllen.

Dinkelkrapferl (Dinkelfrikadellen)

Dinkelgrieß mit frisch püriertem (oder fein geschnitten) Gemüse, Ei, Knoblauch, Kräutern nach Wahl zu einem weichen Brei mischen, würzen und dann sanft herausbraten. Schmeckt auch gut, wenn Sie dem Teig nur geraspelte Karotten beifügen. Der Teig muss so sein, dass er leicht formbar ist, aber nicht zu fest. Anstatt Dinkelgrieß können Sie auch Kamutgrieß oder feine Haferflocken verwenden.

Frikadellen aus Soja- oder Mungobohnen - ein köstlicher Fleischersatz.
Die Bohnen einen Tag einweichen, in der Kaffeemühle zu einem Brei vermahlen, Kräuter, Salz, Knoblauch und etwas Haferflocken beimengen, formen, braten.

Kamutkrapferl mit Äpfeln und Rosinen
Kamutgrieß frisch mahlen (etwa zwei Hand voll für 2 Personen), zwei im Mixer geriebene Äpfel dazugeben sowie ein Ei, Rosinen und Zimt, mit Wasser sorgfältig mischen, sodass der Brei sehr locker ist. In der Bratpfanne sanft braten. Nicht zuckern, die Rosinen süßen genug. Dazu servieren Sie gekochte Früchte (eventuell mit Rahm garnieren) oder einfach Marmelade mit Wasser verdünnen (gut verrühren).

Reisspeisen
Sie können auch Getreidereis zubereiten: mit Dinkel, Quinoa (glutenfrei), Gerste oder Haferkörnern.
Am besten Sie weichen die Körner über Nacht ein und am anderen Tag die Körner abwaschen und mit Wasser etwa 1:3 aufkochen. Herd abschalten und die Körner, ob Reis oder Getreide, eine halbe Stunde nachquellen lassen. Sie sehen schon, ob der Reis dann noch Wasser benötigt oder nicht.
In eine Pfanne Butter geben, Zwiebeln zart anrösten, Gemüse nach Wahl klein schneiden, auch mixen ist möglich, hinzufügen, würzen mit Salz, Ingwer, Kurkuma, Galgant, ganz nach Geschmack, „Reis" hinzufügen, durchmischen mit frischen Kräutern bestreuen und servieren.
Schmeckt auch sehr gut mit rohen gerieben Karotten oder rohen geriebenen Roten Rüben (Rote Bete).
Wenn Sie den Reis süß wollen, dann geben Sie in die Pfanne etwas Butter, fein geschnittene Äpfel oder Birnen, ein paar Mandeln, Rosinen oder/und etwas Honig und Zimt. Mit dem gekochten Reis verrühren und mit Minze servieren.

Nudeln aller Art
Am beliebtesten sind die Spaghetti. Längst bekannt, wie man sie zubereitet, aber auch hier ist es unnötig Salz in das Kochwasser zu geben oder sogar Öl. Je nach

Sorte ist die Kochzeit auch verschieden, meine Lieblingsspaghetti sind die aus Kamut hergestellten. Kamut schmeckt gut und ist gesund. Aber grundsätzlich sind alle BIO-Nudeln gut. Und bitte ohne Ei. Eier verderben den Nudelgeschmack. Nudeln dürfen nicht zu weich gekocht werden, sie sollen „al dente" (bissfest) sein, dann machen sie auch nicht dick. Vor dem Servieren Olivenöl oder Butterflocken beifügen.

Tomatensoße: *Reife, weiche Tomaten waschen und zerkleinern (nicht schälen), mit einer Birne oder Apfel, ein Stück Ingwerwurzel (pro Tomate eine halbe Daumengröße) und eventuell ein kleines Stück Knollensellerie in den Mixer geben und sehr gut verrühren. Dann würzen Sie die Soße mit einer Prise Zimt, ein klein wenig Blütenhonig oder Himbeermarmelade, etwas Salz, gut durchrühren und die rohe, kalte Soße auf die heißen Nudeln geben. Sie ist im Gegensatz zu allen anderen Tomatensoßen basisch. Bild oben: Kamut-Spaghetti mit Tomatensoße.*

Soßen für Nudeln
Wie schon auf der letzten Seite beschrieben, die klassische und gesunde Tomatensoße. Andere Varianten: Kräuterbutter mit Schnittlauch, Petersilie, Salbei, Knoblauch oder Spitzwegerich mit etwas Olivenöl mischen, in einer kleinen Pfanne zart erhitzen, über die Nudeln geben (schmeckt auch gut bei Kartoffeln, Gemüse oder Fisch). Butter mit geriebenen Mandeln und geriebenen Zitronenschalen ist eine sehr gute Nudelsoße. Sie werden selbst viele Ideen haben. Hier finden Sie nur Grundrezepte für ein gesundes und energiesparendes Kochen.

Bandnudeln selbst gemacht: nur mit Wasser und Mehl.
Mehl frisch mahlen, ich mische Dinkel- und Kamutmehl, nur mit Wasser einen Teig kneten, den sie gut auswalzen können (Nudelbrett vorher mit Mehl bestreuen). Nudeln schneiden, in kochendes Wasser geben, ungefähr acht Minuten leicht köcheln, absehen und fertig. Auch Kinder bereiten diese Nudeln gerne und spielerisch zu.

Nachspeisen

Zu all diesen Nachspeisen können Sie Chia Samen beifügen, Sie schenken Ihnen Kraft, Gesundheit und machen außerdem satt. Aber bitte nicht vergessen, Chia Samen quellen auf, daher sollen Sie viel Wasser dazu trinken. Siehe Beschreibung bei den Gewürzen (getrocknet und gemachlen).

Obstcreme im kleinen Mixer

Obst nach Saison und einen Apfel (sollte immer dabei sein) mit etwas Wasser mixen. Fertig. Wer die Obstcreme süß haben will, kann Rosinen dazugeben oder etwas Honig, eventuell auch einen Hauch von Stevia. Siehe bei Stevia.

Sie können diese Creme auch mit etwas Marmelade, Zimt oder Zitronenmelisse verfeinern.

Wer rohes Obst nicht mag oder verträgt kocht es einfach, kann es zusätzlich auch mixen und Sie zaubern die herrlichsten Nachspeisen, indem Sie die Obstcreme über ein Eis (Eisrezept siehe nächste Seite) oder Joghurt geben. Kann auch mit Schlagobers serviert werden.

Bedingt durch die verschiedenen Jahreszeiten und das Marktangebot von Obst ist diese Obstcreme immer abwechslungsreich. Und gesünder als jede Torte.

Äpfel oder Birnen mit Rosinen, Honig und Bananencreme

Äpfel oder Birnen waschen, halbieren, Kerngehäuse mit einem Löffel herausnehmen, mit Rosinen füllen, mit etwas Zimt bestreuen, einen halben Teelöffel Honig dazugeben, für kurze Zeit mit wenig Wasser dämpfen, abschalten und nachdünsten lassen. Manche Kinder mögen gerne Schlagsahne oder Bananencreme dazu.

Dinkelgrießbrei mit Apfel- oder Obstmus

Dinkelgrieß mit Wasser sanft einmal aufkochen, dann einen geriebenen Apfel einrühren und nachgaren lassen, Butter, Zimt und Honig darüber geben. Fertig.

Hirseobst

In kochendes Wasser Hirse einstreuen und bei geringer Hitze ausquellen lassen, etwa 20 Minuten. Dann frisches oder gekochtes Obst nach Wahl, Zimt und Honig beimischen und mit Butter verrühren. Fertig. Mit Melissen-Blättern garnieren. Schmeckt auch gut nur mit geriebenen Äpfeln und Nüssen sowie Rosinen, geriebenen Zitronenschalen und etwas Honig und Butter.

Eis selbst gemacht

In Schlagobers sehr fein gemixte Früchte nach Wahl und etwas Honig einrühren, ein paar Rosinen dazugeben, Zimt oder Vanille beimengen, immer wieder gut verrühren, denn sonst bilden sich in der Masse kleine Eiskristalle, die nicht gut schmecken. In Glasbehälter abfüllen (hineinpressen) und in den Tiefkühler stellen, nach einer guten Stunde das Eis noch einmal herausnehmen und abermals durchrühren und pressen, dann müsste es sehr fein werden. (Siehe auch bei Chia Samen.)
Am besten Sie lassen die Kinder das selbst ausprobieren.
Dieses Eis verringert den Zuckerkonsum, kann natürlich auch mit Stevia anstatt Honig gemacht werden. Eventuell mit heißen Früchten servieren, siehe Bild unten mit gedünsteten Äpfeln und Rosinen. Wenn Sie Himbeeren oder Erdbeeren nehmen, diese nur leicht erhitzen.

Süßspeise mit Apfel, Banane und Rosinen - Blitzschnell

Apfel und Banane zerkleinern, gemeinsam mit Rosinen und ganz wenig Wasser kurz erhitzen und stehen lassen. Mit Mandelsplittern und Joghurt servieren. Eventuell mit Honig, Stevia oder Erdmandelcreme nachsüßen. Aber die Rosinen süßen normalerweise ausreichend. Schmeckt auch ohne Banane gut.

Heißes Obst

Variieren nach Jahreszeit: Klein schneiden und mit Rosinen oder Stevia erhitzen...

Unten: Selbstgemachtes Eis mit heißen Himbeeren, der beliebte Klassiker und die von vielen sehr begehrte „Heiße Liebe".

Zwischenmahlzeit für Schule und Arbeit

Versorgen Sie sich selbst, denn Produkte vom Würstlstand oder Schulkiosk, von den Kantinen oder Tankstellen, machen meistens müde, dick und krank.

Die klassische Jause
Vollkornbrot mit Butter (eventuell mit Chia Samen bestreuen), ein Apfel und die Wasserflasche mit Leitungswasser. Einige figurbewusste Menschen bevorzugen Kamutbrötchen, denn Kamut sättig besser und macht nicht dick. Roggenbrot macht auch nicht dick und ist sehr gesund.

Zwiebelbrot
Vollkornbrot mit Butter und Zwiebelscheiben. Macht munter wie Kaffee. Im Sommer sehr zu empfehlen, denn wenn Sie nach Zwiebel riechen, meiden Sie die Mücken, allerdings sicher auch einige Menschen.

Vollkornbrot mit Karotten (oder Paprikaschoten)
Ein Vollkornbrot mit Butter und Karottenscheiben ist sehr gesund (auch für die Augen.). Eine gute Variante: Butterbrot mit Paprikaschote, enthält viel Vitamin C. Kinder lieben ein Karottenbrot, weil es süßlich schmeckt.

Obst
Nach Jahreszeit: Der Apfel sollte niemals fehlen, Bananen stärken Sie, köstlich schmeckt auch ein Obstsalat mit Chia Samen, Honig und Zitrone.

Honig
Am Arbeitsplatz sollten Sie immer irgendwo ein Glas Honig stehen haben, wenn Sie erschöpft sind, dann nehmen Sie einen Teelöffel, er wird Sie stärken.

Gemüsecreme mit Brot
Wenn etwas Gemüse übrig bleibt (oder extra kochen.), dann können Sie daraus einen guten **Brotaufstrich** mixen. Gewürze Ihrer Wahl (scharf oder mild.), ein paar Mandeln, etwas Hafermehl und ein paar Chia Samen dazufügen. Senf und Meerrettich eignen sich zum Verfeinern sehr gut. Dieser gesunde Brotaufstrich hält im Kühlschrank einige Tage, bewahren sie ihn in einem Glasbehälter auf.

Naschwerk für Kinder und Erwachsene

Getrocknete Apfelschnitten
Apfelschnitten nach Wunsch schneiden, auf ein Backblech geben, in das vorgeheiz-te Backrohr schieben und etwa zehn bis fünfzehn Minuten bei guter Hitze dörren. Gut auskühlen lassen und trocken in Gläser abfüllen. Dasselbe können Sie auch mit Birnen, Pflaumen und Marillen zubereiten. Kinder lieben diese Arbeit.

Kokoskugeln
Die Zubereitung von den gesunden Kokoskugeln ist ebenso eine lustige Arbeit für Kinder: Lassen Sie sie die Kleinen aus dem Gemisch Marzipan, Kokosflocken und gerieben Nüssen nach Wahl und spielerisch Kugeln kneten und zur Vollendung in Sesamkörnern rollen. Kühl lagern.

Meine Rosinenkeks (zuckerfrei.)
Zwei Hand voll Dinkelmehl, zwei Hand voll Kamutmehl, zwei Hand voll Rosinen, je eine Prise Muskatnusspulver, Zimt und Nelkenpulver, einige geriebene Mandeln, alles gut vermengen, dann gefühlvoll mit wenig lauwarmen Wasser zu einem Teig kneten und etwas ruhen lassen. Meistens muss man dann nochmals den Teig mit etwas Wasser verfeinern. Kleine Kugeln formen, auf das Backblech oder auf die Backfolie legen, platt drücken und dann fünfzehn Minuten im vorgeheizten Rohr bei guter Hitze backen.

Popcorn
Popcorn wird durch starkes Erhitzen aus Puffmais hergestellt. Aber sie sollten nicht mit Fett oder in der Mikrowolle hergestellt werden (beides ist giftig). Verwenden Sie eine gute Pfanne und bitte kein Fett.

Erdmandel - ein glutenfreies Naschwerk
Die Erdmandel (Chufa) schmeckt süß und ist gluten- sowie laktosefrei: auch für Diabetiker geeignet.

In Bioläden
In Bioläden gibt es eine große Auswahl von Naschwerk: Trockenobst, Sonnenblumen- oder Kürbiskerne, Vollkornknäcke, Nüsse und vieles mehr.

Zeitfracht Medien GmbH
Ferdinand-Jühlke-Straße 7
99095 Erfurt, Deutschland
produktsicherheit@kolibri360.de